일류 아빠의 생각

삶이 막막할 때 꺼내 읽는 아버지의 인생 편지

일류 아빠의 생각

초판 1쇄 인쇄 2023년 1월 30일
초판 4쇄 발행 2023년 2월 8일

지은이 손재환

발행인 백유미 조영석

발행처 (주)라온아시아
주소 서울특별시 서초구 효령로 34길 4, 프린스효령빌딩 5F

등록 2016년 7월 5일 제 2016-000141호
전화 070-7600-8230 **팩스** 070-4754-2473

값 15,000원
ISBN 979-11-6958-020-5 (03190)

일류 아빠의 생각

손재환

RAON
BOOK

아버지 노릇

내 나이 올해로 78세. 그런데 아버지가 고향집에 생존해 계십니다. 물론 나에게도 아들딸이 있습니다. 그들도 벌써 자라 40대 중반. 그런데 돌이켜보면 내가 과연 우리 아이들에게 아버지 노릇을 잘했을까! 가슴 속 바닥에서부터 '아니'라는 대답이 살그머니 올라옵니다.

왜 그럴까요? 나는 나의 아버지한테 배운 대로 나의 아이들에게 아버지 노릇을 하려 했기 때문입니다. 오히려 우리 아버지가 나에게 보여준 아버지 역할보다 훨씬 모자란 아버지 역할을 우리 아이들에게 보여준 결과입니다.

아버지가 오래도록 생존해 계신 사람과 아버지를 일찍 여읜 사람 가운데 누가 더 아버지 노릇을 잘할까요? 대답은 단순치 않지만 나는 후자라고 말하고 싶습니다.

그것 또 왜 그럴까요? 고착된 아버지의 모델 중에서 아버지를 찾지 않고 이상과 소망 가운데서 아버지의 모델을 찾기 때문일 겁니다. 그 대표적인 사례를 이 책을 쓴 손재환 씨에게서 봅니다. 나 스스로 책을 읽으며 배우고 반성할 내용이 많은 책입니다.

나태주 시인

시대가 바뀌어도 이치는 변하지 않는다

나이 오십이 넘으니 인생을 자꾸 돌아보게 된다. 지금까지 어떻게 살아왔는지, 앞으로 어떻게 살아갈지 곰곰이 생각해보게 된다.

어린 시절을 돌이켜보면 금세 눈가에 눈물이 글썽인다. 지난 세월이 한 편의 영화처럼 펼쳐지면서 감정이 벅차올라, 나도 모르게 눈물을 후드득 떨구게 된다.

돌 전에 감염된 소아마비 탓에 절게 된 다리.
버스를 탈 수 없어서 통학 때 타고 다니던 자전거.
중학생 때 아버지가 돌아가신 뒤의 장례식.
집이 없어서 여기저기 떠돌아다니던 생활.
고생하는 어머니를 보고 숨죽여 흐느끼던 일.
앞으로 어떻게 먹고살까에 대한 근심.
혼자 생각하고 고민하며 걱정하던 어린 영혼.
주위 사람들에게 잘 보이려고 애를 쓰던 나….

프롤로그

내 인생이 이렇게 잘되리라고는 한 번도 생각해보지 않았다. 그냥 밥만 먹고살 수 있었으면 했다. 조언을 구할 만한 사람이 주위에 아무도 없었기에 항상 나 혼자 생각하고, 판단하고, 행동하면서 차근차근 조금씩 살아온 것 같다.

인생의 크고 작은 결정을 내릴 때마다 아버지가 가장 많이 생각났다. '아버지가 계셨더라면 이런저런 것을 물어보았을 텐데' 하고 늘 마음 한쪽이 아렸다. 아버지도 있고 형님들도 있어서, 함께 얘기하고 놀러 다니는 주위 친구들을 보면 아버지에 대한 그리움이 한층 깊어갔다.

아버지의 부재 때문에 고통스러운 유년기를 보냈기에, 내가 훗날 아버지로서 아들들을 키우게 되었을 때 보통 사람보다 더 많이 노력했던 것 같다. 내가 받지 못한 아버지의 사랑과 관심을 아이들에게 아낌없이 주려고 했고, 인생의 좋은 멘토가 되고자 애썼다.

내가 혼자 몸으로 부딪치며 깨우쳤던 것들, 예를 들면 인생은 어떤 것인지, 어떻게 살아야 하는지, 인간관계의 요령이나 좋은 습관 같은 알아두면 도움이 되는 여러 가지 것들을 아이들에게 틈틈이 가르쳤다. 그러면서 내게 결핍되어 있던 아버지의 존재감을 아이들에게 채워주고자 노력했다.

한 해 두 해 지나서, 어느덧 두 아들은 어른이 되고 막내는 십대 청소년이 되었다. 세상이란 바다를 향해 출항을 준비하는 아이들에게 삶의 풍랑을 겪어내며 온몸으로 터득한 아버지의 지혜를 물려주고픈 마음을, 특히 둘째 아들 동휘에게 건네는 편지 형식으로 써 내려갔다. 서투른 솜씨로 글을 쓰는 것이 무척 고되고 힘들었지만, 지나온 삶을 돌아보고 인생에서 중요한 것들을 되새길 수 있어 좋은 시간이었다.

내가 아이들을 키우면서 늘 염두에 두었던 것은 유대교 경전인 탈무드에 나오는 "아이에게 물고기를 잡아주지 말고, 물고기 잡는 법을 가르쳐라"라는 교훈이다. 그 가르침에 따라 아이들에게 필요한 것을 풍족하게 채워주기보다는 스스로 성취하며 살아가는 법을 익히도록 이끌었다. 그 결과, 고기 잡는 법을 깨우쳐갈 만한 밑바탕은 만들어준 것 같다.

이 글을 읽는 젊은 독자들에게 힘주어 전하고 싶은 말이 있다. 그건 바로 "시대는 바뀌어도 사람 사는 세상의 이치는 바뀌지 않는다"라는 것이다. 한 치 앞도 내다보기 어려운 요즘이지만, 그럴 때일수록 변함없는 이치를 배우고 붙잡아야 하지 않을까? 부족한 글이지만, 이 글을 통해 많은 이들이 세상의 이치를 깨닫고 행복한 삶을 살아가기를 바란다.

2023. 새해 첫머리에

손재환

차 례

어른 됨

Chapter. 01

부모 품을 떠나 홀로서기 하는 때

돈

Chapter. 04

최선을 다하다 보면 저절로 쌓이는

인생

Chapter. 05

끊임없는 노력과 도전으로 성장하는

"어른이 뭘까? 나이 많으면 전부 어른일까?

아니다. 어른이란 자기 삶을 책임질 줄 아는 사람이지. 자기만의 소신과 기준을 가지고, 갖가지 문제들을 현명하게 해결하는 사람이다."

Chapter 01

어른 됨

부모 품을 떠나 홀로서기 하는 때

세상에 첫발을 내디딜 때

자기 힘으로 먹고산다는 것

동휘야, 네가 이곳에서 화상 수업을 들은 지 벌써 여러 달이 지났다. 전 세계를 강타한 코로나19 바이러스에 맞서서 중국 정부는 '제로 코로나' 정책을 펼쳤고, 그 여파로 너는 유학 중이던 북경의 대학교로 돌아가지 못했지. 네 전공이 '우슈', 즉 무술이었기에 도대체 어떻게 화상 수업이 가능한지 이해되지 않았지만, 다른 수가 없어서 그저 지켜볼 따름이었다.

옆에서 바라보는 내가 이렇게 답답한데, 당사자인 너는 오죽했겠니. 말은 아껴도 속앓이를 많이 했겠지. 도무지 끝이 보이지 않는 캄캄한 터널 속과도 같은 상황에서 너는 뜻밖의 결정을 내렸다. 학업과 함께 인터넷 쇼핑몰 사업을 해보기로 마음먹은 거지.

학생 신분으로 난생처음 사업에 도전해, 날마다 좌충우돌하는 네 모습을 보면서 걱정도 많이 되었지만, 한편으론 무척 뿌듯하고 대견한 마음이 들더라. '짜식, 이제 세상 맛을 알아가네' 하고 슬며시 미소 짓기도 했다.

부모의 품을 떠나, 혼자 힘으로 돈을 번다는 것은 누구에게나 버겁고 두려운 일일 거야. 어미 새가 물어다 주는 먹이만 받아먹다가, 허공에 몸을 날려 스스로 나는 법을 익히고 사냥하는 법을 익히자니 얼마나 힘들고 막막할까.

이십대의 사회 초년생으로서 온갖 일을 겪으면서 조금씩 성장하는 너를 보면서 자연스레 그맘때 나의 모습을 떠올리게 되었다. 나는 몸이 불편했기 때문에 병역을 면제받아, 또래 친구들보다 조금 이른 이십대 초반에 사회에 첫발을 내디뎠다. 어렵사리 취직에 성공해, 안경사로서 첫 출근을 하기 전 몹시 초조했던 기억이 난다. '내가 일을 잘할 수 있을까?' '얼마 못 가서 잘리면 어떡하지?' 갖가지 걱정이 꼬리에 꼬리를 물었지.

어김없이 해는 뜨고, 불안과 설렘을 안고 첫 출근을 했다. 물론 실수 연발이었다. 학교에서 배운 것과 실전은 전혀 다르더라. 예상치 못한 난관을 하루에도 여러 번 마주쳤다. 그때마다 땀을 뻘뻘 흘리면서 어떻게든 해결해보려고 노력했다. 집에 돌아오면 완전 파김치가 되어, 눕자마자 곯아떨어지기 일쑤였다.

그 시절 나는 아무것도 모르는 백지 상태였던 것 같다. 넘어지고 깨지면서 하나씩 노하우를 터득해야 했다. 지금 돌이켜보면 돈으로 살 수 없는 귀중한 경험을 쌓는 시기였다. 하지만 당시에는 너무 고되고 괴로워서 포기하고 싶다는 생각이 수도 없이 들었다.

'남들보다 잘하는 것도 뛰어난 것도 없는데, 어떻게 살아남을 수 있을까?' 고민 끝에 한 가지 결심을 하게 되었다. 우선 사장 마음에 드는 직원이 되기로. 초보 직원이 각양각색의 요구를 지닌 손님들을 모두 만족시키기란 불가능한 일이지. 하지만 사장은 한 명이니까, 나를 고용해준 그 한 명이라도 내가 만족시켜야겠다는 결심을 하게 된 거다.

그때 내 결심은 이런 거였다.

첫째, 사장에게 인정받는 직원이 되자.

둘째, 사장에게 두 번 이상 같은 실수를 지적받지 말자.

셋째, 사장보다 일찍 출근하자.

목표가 뚜렷해지니까 마음도 가벼워지더라. 그저 일 잘해서 인정받고 돈도 잘 벌고 싶다는 어렴풋한 목표를 가졌을 땐 어떻게 해야 할지 길이 보이지 않았는데, 구체적인 목표를 가지고 글로 써보니 한결 마음도 정리되고 새로운 의지가 생기더라고. 그러니까 너도 힘들 때, 무언가 이루고 싶은 것이 생겼을 때, 구체적으로 한번 써보길 권한다. 목표가 정확해야 그것을 이룰 방법도 명확해지는 법이거든.

나는 목표를 정한 뒤, 실행에 나섰다. 사장보다 일찍 출근해 가게를 구석구석 청소하고 정리정돈했지. 사장이 출근하면 그 표정과 기분을 살피면서, 마음에 들어할 만한 일을 찾아서 하려고 노력했다. 그리고 사장에게 지적을 받으면 기분 나빠하기보다는 두 번 다시 같은 지적을 받지 않기 위해 철두철미하게 내 행동을 스스로 확인하고 지적받은 내용을 마음속에 각인시켰다.

그렇게 시간이 흘러 어느 날, 사장이 나를 불렀다.

"손 기사! 지금까지 많은 직원을 고용해 일을 시켜봤지만, 초보인데도 이렇게 일 잘하는 사람은 처음일세. 주위 사람들이 왜 굳이 몸이 불편한 직원을 쓰려고 하느냐고 만류하기도 했는데, 이제 보니까 잘한 결정인 것 같아."

그 얘기를 듣고서 얼마나 뿌듯했는지 지금도 생생하게 기억나. 내가 세운 목표를 스스로 이루어낸 뒤에 느낀 짜릿함은 말로 표현하기 어려울 정도였다. 내가 사장의 마음에 들기 위해 노력한 이유는 단순하다. 먹고살려면 돈을 벌어야 했고, 돈을 벌려면 일을 해야 했으니까. 그리고 일을 계속할 수 있으려면 우선 사장을 만족시켜야 했으니까. 그뿐이었다.

할 수 있다는 자신감, 해보겠다는 용기

얼마 전 취업 플랫폼 잡코리아에서 20~30대 남녀 직장인을 대상으로 설문조사를 했는데, 응답자의 38%가 입사 후 1년 미만에 이직을 시도했다고 하더라. 열 명 중 서너 명이 1년도 채우지 못하고 그만둔 거지.

그 자료를 보고 안타까웠다. 입사를 결정했다면 잘해볼 마음이 컸을 텐데, 그만두기까지 얼마나 고민이 많았을까 싶어서 말이야. 세상이 만만찮은 곳이란 걸 깨닫기까지는 많은 시간이 필요하지 않지. 첫발을 내딛자마자 찬바람이 쌩쌩 불고, 온몸이 흔들리는 것 같은 충격이 에워쌀 거다. 그러면 비로소 알게 되지. 여태껏 온실 속에서 살아왔다는 걸, 세상은 만만찮다는 걸….

그러나 동휘야, 겁내지 마라. 누구나 한 번도 경험해보지 못한 일을 하려고 할 때는 두렵고 불안하니까. 실수하는 것도 당연하고, 실수 때문에 속상한 것도 당연하다. 모두 똑같이 겪는 일이다. 그러니까 마음을 좀 여유롭게 가지면 좋겠다.

초보라서 유리한 점도 있음을 알려주고 싶다. 내가 초보일 때는 몰랐는데, 사장이 되고 보니 초보일 때만 가질 수 있는 장점이 보이더라. 그 장점이란, 초보는 흰 도화지 같기 때문에 처음부터 일을 제대로 배울 수 있는 가능성이 무궁무진하다는 것이다.

그렇게 초보 안경사로서 벌벌 떨면서 일을 배우던 내가 안경원을 차려서, 안경 사업을 이끌어온 지 어느덧 30년이나 되었다. 그동안 다양한 직원을 고용해 같이 일해봤다. 그런데 경력자들은 대체로 자기가 이전에 배운 방식대로만 하려고 하고, 다른 새로운 걸 받아들이기 힘들어하더라.

반면에 초보는 아무것도 모르기 때문에 가르쳐주는 대로 배우고 받아들인다. 열린 자세로 사장과 선배의 말에 귀를 기울이고 그대로 하려고 노력한다. 그러다 보면 자연스레 성장하게 되지. 대부분 처음에는 두려워하고 실수도 많이 하지만, 입사 후 1년이 지나면 적응하고 잘하게 된다.

그러니까 너무 걱정하지 말고 자신감과 용기를 가졌으면 해. 난생처음 하는 일, 만나는 사람 때문에 힘들고 고되겠지만 그런 경험 하나하나가 쌓여서 무엇과도 바꿀 수 없는 귀중한 자산이 된다는 걸 꼭 기억하면 좋겠다. 인생의 빈 종이에 자기만의 그림을 그려가는 너를 항상 응원할게.

살면서 경험하게 되는 333법칙

첫 3일, 3개월, 3년이 중요하다

첫걸음마, 첫 입학, 첫사랑, 첫눈, 첫 직장…. 사람들은 첫 경험을 특별하게 여긴다. 처음이기에 낯설고 서툴지만, 그만큼 더욱 오래도록 기억에 남는 것 같다. "첫 단추를 잘 끼워야 한다"는 옛말이 있듯이, 처음은 참 중요하다. 시작을 어떻게 하느냐에 따라서 결과가 크게 달라질 수 있기 때문이지.

직원들에게 자주 들려주는 얘기가 있다. 바로 333법칙! 무슨 일이든 시작한 지 3일, 3개월, 3년이 되면 힘든 고비가 찾아온다는 법칙이다. 내가 살면서 경험한 것 그리고 주위 많은 사람들과 직원들의 모습을 관찰한 결과 알게 된 것이다.

특히 첫 직장에서 대부분의 사람들이 333법칙을 경험하는 것 같다. 우리 회사에도 첫 3일, 또는 3개월을 버티지 못해 그만두겠다는 신입 직원이 많은데, 나는 그런 직원들과 오랫동안 대화를 나누면서 되도록 그 시기를 버틸 수 있도록 도와주려고 한다. 첫 직장에서 보내는 3년이 인생에서 참으로 중요하기 때문이다.

첫 직장에서의 3년은 일을 배우고 능숙해지는 데 꼭 필요한 기간이다. 그저 1, 2년 해서는 일의 전체적인 맥을 짚을 수가 없거든. 그 분야에 있어 내공 있는 실력자가 되려면 3년은 한 직장에서 진득하게 배워야 한다. 엄청 힘든 일이지만, 꾹 참고 3년을 버티면 그 후 인생은 좀 더 수월하게 풀릴 가능성이 높아진다.

그럼, 333법칙을 자세히 풀어볼까? 먼저 첫 3일은 누구에게나 어색하고 힘든 시기지. 뭐가 뭔지도 모르겠고, 눈치만 보이고, 가만히 앉아 있기만 해도 진땀이 나는, 무척 불편한 시간이다. 하지만 이 시기는 첫 관문과도 같다. 이것을 통과해야 다음 단계로 들어설 수 있다.

그리고 첫 3개월은 어느 정도 상황을 파악하고 새로운 환경에 적응하면서 직장의 일원이 되는 시기다. 다른 직원들과 관계도 맺고 업무를 통해 서로의 능력을 파악하며, 나에 대한 기본적인 평판이 형성되는 때이기도 하다. 같이 손발을 맞춘 지 3개월쯤이 되면 그 사람의 자질이나 가능성을 가늠할 수 있기 때문에 많은 회사가 수습 3개월 후 정직원으로 채용한다는 규칙을 내걸고 있지.

3개월이 지나면 직장에서 어느 정도 자리를 잡게 된다. 이때부터가 어떻게 보면 진검승부이지 않나 싶다. 본격적으로 일을 배우고 다양한 경험을 통해 전문성을 쌓고, 노하우를 축적하게 된다. 이렇게 일한 지 3년쯤 되면 일이 어떻게 돌아가는지 전반적으로 파악할 수 있게 되고, 자기 업무에 노련해진다. 일이 쉬워지니까 권태감을 느끼고 매너리즘에 빠지기도 쉽지. 정말 이대로 계속해도 될지 고민하면서 자연스레 이직을 계획하기도 한다. 당연한 수순이다.

서당 개 3년이면 풍월을 읊듯이 3년을 견디면 내공이 생긴다

나는 일한 지 3년이 지난 직원들에게는 이직을 권한다. 회사 입장에서야 경험 풍부한 직원들이 남아서 오래 일하는 것이 이득이지만, 그 직원들 앞날을 생각하면 다른 곳으로 옮기는 것이 낫다는 판단에서다. 그래서 직원들에게 한곳에 있으면 우물 안 개구리가 될 위험이 많으니 다른 데 가서 다양한 경험을 쌓으라고, 능력을 더 키우라고 권한다.

내 조언을 받아들여서 새 직장으로 옮기는 직원들도 있고, 더 남아서 일하다가 자기 안경원을 차려서 독립하는 경우도 있다. 어느 쪽을 선택하든 결과는 각자의 몫이겠지. 첫 3년 동안 일을 충실하게 배우고 나면, 그 뒤로는 1년에 한 번씩 이직해도 별문제가 없다고 본다. 이미 어느 정도는 프로가 되었기 때문이다.

동휘야, 너도 나중에 어느 회사에 취직하게 된다면 3년 정도는 버티기를 권한다. 처음에는 실수도 하고 어려움도 겪겠지만, 서서히 실력이 늘어가는 걸 경험하게 될 거야. 그렇게 1년, 2년이 흘러 어느 정도 업무나 직장 내 인간관계에 능숙해지면, 마지막 1년은 회사에 보답하는 마음으로 일해주면 좋겠다. 그게 아무것도 모르는 초보에게 일해서 돈을 벌고, 프로가 될 수 있는 기회를 준 것에 대한 도리가 아닐까 싶다.

옛날에는 '평생 직장'이라는 개념이 있었지. 한번 취직하면 그곳에서 수십 년간 일하다가 정년퇴직하는 사람들이 많이 있었다. 하지만 요즘은 세상이 달라졌어. 한 치 앞도 내다보기 힘든 변화무쌍한 시대가 되었다. 그러다 보니 한 직장에서 오랫동안 일을 배우고 경험하기보다는 금세 새로운 곳으로 이직하는 사람들이 많아진 것 같다.

물론 여러 직장에 근무해보면 다양한 경험을 쌓을 수 있겠지. 하지만 너무 잦은 이직은 일을 깊이 있고 폭넓게 배워서 전문성을 갖추는 데 방해가 된다. 그러니까 처음 3년, 첫 단추를 끼울 때는 인내심을 갖고 차근차근 한곳에서 배워나가길 바란다. 분명 값진 결실을 거둘 수 있을 거야.

어른은 어떻게 되는 걸까?

나이 먹었다고 전부 어른은 아니야

얼마 전 헤아려보니 네가 벌써 스물여덟 살이더라. 아장아장 걸음마를 하던 때가 엊그제 같은데, 새삼 세월이 빠르단 걸 깨닫는다. 네 나이쯤 되면, 어디에 가나 어른 대접을 받을 거야. 대부분 학교를 졸업하고 스스로 돈을 벌어 생활할 테니, 어엿한 어른이지.

그런데 요새 주위를 둘러보면, 여전히 자리를 못 잡고 방황하는 이십대 청년들이 꽤 많이 있는 것 같다. 불안정한 일자리가 가장 큰 원인이겠지만, 우리 사회 안팎에서 종잡을 수 없는 변화가 연달아 일어나고 있는 것도 주요한 이유 중 하나일 거야.

참 안타까운 현실이지. 하지만 사회가 혼란스럽다고 해서 마냥 그 흐름에 휩쓸려갈 수만은 없잖아. 그럴 때일수록 정신 똑바로 차리고 자기 중심을 잡고, 삶을 헤쳐나가야 한다.

그런데 어른이 뭘까? 나이 많으면 전부 어른일까?

어렸을 적에는 그런 줄 알았지. 한 살 한 살 나이를 먹어, 스무 살 이상이 되면 저절로 어른이 되는 줄 알았다. 그래서 빨리 어른이 되어서 내가 하고 싶은 것을 하고, 먹고 싶은 것을 실컷 먹고 싶었다.

그런데 막상 어른의 나이가 되고 보니, 어릴 때가 더 좋은 것 같더라고. 내가 꿈꾸던 자유보다 책임의 무게가 훨씬 무겁게 나를 짓눌렀다. 하지만 뭐 어쩌겠어. 시간을 되돌릴 수는 없으니, 나이에 걸맞은 어른이 될 수밖에….

이처럼 어른은 그저 나이만 많이 먹어서 되는 게 아니다. 어른이란 자기 삶을 책임질 줄 아는 사람이지. 자기만의 소신과 기준을 가지고, 갖가지 문제들을 현명하게 해결하는 사람이다. 너무 어렵다고? 정말 그렇지. 하지만 네가 존경하는 어른들도 처음에는 모두 너처럼 서툴고 실수가 많았을 거야. 시행착오를 건너뛰고 어른이 되는 사람은 아무도 없다. 하나씩 경험하고 해결하면서 서서히 어른이 되어가는 것이지.

자, 이제 어른이 되려면 어떻게 해야 하는지 알아볼까? 다섯 가지로 요약할 수 있다.

첫째, 자기 역할에 충실해야 한다. 가정이나 직장에서 자기 역할이 무엇인지 정확히 파악하고 그에 따라 행동해야 한다.

둘째, 감정을 절제할 줄 알아야 한다. 어린아이들은 자기가 느끼는 대로 표현하고 말하지만, 어른이 그렇게 하면 곤란하지. 아무리 화가 나고 흥분했더라도, 침착하게 감정을 다스릴 줄 알아야 한다. 이 또한 하루아침에 되지 않으니 꾸준한 연습이 필요하다.

셋째, 경제적 독립을 해야 한다. 스스로 자기 밥벌이를 할 줄 아는 사람이 어른이지. 학생일 때에는 부모 도움을 받지만, 졸업 후에는 자기 손으로 일해서 먹고살아야 한다.

넷째, 책임감이 있어야 한다. 내 인생 내가 책임진다는 생각으로 삶을 헤쳐가야 한다. 제대로 책임을 지기 위해서는 폭넓은 분야에 대한 공부가 필요하겠지. 무슨 문제든지 종합적으로 판단하려면 경험과 지식이 있어야 하니까 말이야.

다섯째, 열린 마음을 가져야 한다. 사람은 자기 기준에서 벗어나면 받아들이지 않으려고 하는 경향이 있지. 하지만 진정한 어른은 다른 사람의 생각과 입장을 헤아리고, 포용할 줄 아는 사람이다. 참 어려운 부분이지. 인간이란 원래 자기중심적이니까. 하지만 내 생각에는 이런 열린 마음이 어른으로서 꼭 가져야 하는 마음인 것 같다.

남을 존중하고 더불어 살 줄 알아야 어른

며칠 전 아침에 네 어머니와 함께 샌드위치 가게에 갔다. 손님이 엄청 많아서 줄을 서서 기다려야 했지. 앞사람 줄어드는 속도가 너무 느려서 카운터 쪽을 건너다봤다. 직원 두 명이 일하고 있었는데, 그중 한 명이 유난히 느리고 서툴더라.

다들 불만이 있어도 잠자코 기다리는데, 어디선가 날카로운 고함 소리가 들려오더라고. 깜짝 놀라서 보니, 여자 손님 한 명이 느린 직원에게 크게 화를 내고 있었다. 왜 일을 그렇게밖에 못하느냐고, 짜증을 내면서 소리를 지르곤 나가버렸다. 그 직원은 당황하며 사과했지만, 손님은 이미 나간 뒤였지.

이윽고 우리 차례가 되었다. 네 어머니가 "왜 직원이 두 사람뿐이에요?" 하고 물었더니, 그 직원이 이렇게 답했다.

"아침에는 원래 두 명이서 하는데, 제가 오늘 첫 출근이어서 서툴러서 많이 늦어졌어요. 죄송합니다."

"아, 괜찮아요. 처음이면 그럴 수 있지요. 천천히 하세요."

네 어머니의 따뜻한 말에 직원은 참 고마워했다. 그리고 그 뒤로 기다리던 손님들 중 아무도 재촉하지 않고 기다려주었다. 이렇듯 자기 기준에서 한발 물러나, 열린 자세로 상대방을 이해하고 배려할 줄 아는 것이 어른의 마음이 아닐까?

너도 잘 알겠지만, 세상은 녹록지 않다. 더욱이 네 또래 사회초년생들에게는 더욱 거칠고 힘든 곳이다. 자기 삶 하나 책임지기도 버겁기에 '각자도생(各自圖生)', 즉 각자가 스스로 제 살길을 찾는다는 말이 널리 쓰이고 있지.

하지만 인간은 애초에 혼자서 살 수 없는 존재야. 그렇기에 힘들수록 남과 더불어 살아가려는 노력이 필요하단다. 자기 삶의 자리에서 제 역할을 충실히 해내며, 다른 이들까지 넉넉히 포용할 줄 아는 어른들이 많아질수록 이 사회는 살 만한 곳이 되지 않을까.

세상을 살아가는 방법

끼리끼리 어울려 다니면 그만인 걸까?

모든 사람은 관계 속에서 태어나 살아간다. 먼저 부모를 통해 저절로 형제자매를 만나고, 친척들도 생긴다. 아장아장 걸어 다니며 동네에서 친구들을 사귀고, 학교에 가면 또 학교 친구들도 만난다. 그러다가 학교를 졸업하면 회사에 들어가서 여러 인연을 만나게 된다.

이처럼 삶은 만남의 연속이다. 세상에 태어나 살아가면서, 무수한 사람들을 만나고 헤어지게 되지. 우리가 사는 세상을 한자로 쓰면 '世上'인데, 이때 '세(世)' 자가 나뭇가지에 붙은 잎사귀 모양을 본떠 만들어졌다고 한다. 나무를 한번 떠올려봐. 큰 둥치에서 줄기가 갈라지고 거기서 새 나뭇가지가 뻗어나고, 그 가지에서 수많은 가지와 나뭇잎이 돋아나지. 이처럼 하나의 몸통에 연결된 채,

여러 갈래로 쭉쭉 뻗어가며 많은 만남과 헤어짐을 되풀이하는 것이 세상살이다.

네가 어렸을 때 학교에 다녀와서 이런 얘기를 했던 게 생각난다.

"아버지, 저는 운동을 하다 보니까 제 반에서 공부 안 하고 노는 애들하고 친해요. 근데 공부 잘하는 애들하고도 잘 지내거든요. 두 부류 중에서 어떤 애들이랑 더 친하게 지내야 하는지 가끔 고민될 때가 있어요. 책에는 착하고 좋은 친구하고 가깝게 지내고 불량한 친구는 멀리하라고 쓰여 있는데, 그게 쉽지 않거든요. 어떻게 해야 할까요?"

그때 내가 들려준 답을 기억하는지 모르겠다. 나는 네가 가진 꿈의 크기에 따라 답이 달라진다고 말했지. 사람은 누구나 꿈과 목표를 가지는데, 꿈이 크다면 농땡이든 우등생이든 부잣집 아이든 가난한 집 아이든 힘센 아이든 나처럼 몸이 불편한 아이든 가리지 않고 친해야 한다고 말했다. 반면에 꿈이 크지 않다면, 맘에 드는 한 부류하고만 친해도 상관없다고 했지.

나는 착하고 행실 바른 친구들하고만 친하게 지내라고 말하지 않았다. 사람들은 대개 '유유상종' 끼리끼리 어울린다고, 자기랑 잘 맞고 자기에게 도움이 될 만한 사람들과 가깝게 지내는 게 좋다고 하잖아? 그런데 나는 생각이 좀 다르다. 자기가 속해 있거나 자신과 비슷한 부류와만 어울리면 폭넓은 세상을 경험하고 이해할 기회를 놓치게 된다. 새가 포근한 둥지를 벗어나야 큰 날갯

짓으로 광활한 세계를 만날 수 있듯이, 사람도 자기 둘레를 벗어나야 도약과 성장을 꾀할 수 있다.

누구와 만나더라도 맞춰줄 수 있는 넉넉함

몇 해 전 열린 강연회에서 권오현 삼성전자 상임고문은 말했다. '한국 사회 자체가 거대한 사일로 집단'이라고. '사일로(silo)'란 저장고를 뜻하는데, 바깥과 담을 쌓고 소통하지 않는 조직을 일컫는 말로도 쓰인다. 이처럼 외부 또는 다른 내부 조직과 정보 교환을 하지 않아 생산성이 저하되는 것을 '사일로 효과'라고 부르기도 하지.

우리나라는 단일 민족 국가로, 일제 강점기와 6·25전쟁을 딛고 눈부신 성장을 이루었다. 끈끈한 유대관계, 공동체 문화가 없었다면 불가능한 일이었을지도 모르겠다. 하지만 지나친 집단 중심 문화가 일으킨 폐해도 적지 않다. '우리'를 너무 중시하다 보면, 그 우리에 속하지 않은 나머지에게는 배타적이고 이기적인 시선을 보내게 되지. 그러면 자연스레 '고인 물'이 되고 성장은 멈추게 된다.

오늘날 같은 회사 안에서도 소통하지 않고, 부서 간 경쟁에만 몰두하는 사람들의 모습에 사회의 여러 리더들과 학자들이 경고의 메시지를 보내고 있다. 이들은 한목소리로 이제는 기존 관념과 칸막이 문화에서 벗어나 시야를 넓혀야 할 때라고 주장한다. 여러 분야, 부류를 자유롭게 넘나들 줄 아는 자세가 사회를 역동성 있게 앞으로 나아가게 할 거라고 말하지.

나도 같은 생각이다. 오랫동안 장사를 하는 동안 별의별 사람을 다 만나면서, 세상을 어떻게 살아가야 하는지 배운 것 같아. 당장 내게 잘 맞는 사람, 내게 돌아오는 이윤에 집착하기보다는 좀 멀리 보고 유연하게 대처하는 것이 이득이라는 걸 깨달았거든.

장사에도 초보와 고수가 있다. 내가 직접 장사를 하고 또 주위 사장들을 관찰한 결과 내린 결론은 초보 사장은 자기중심적이라는 거야. 자기가 세워놓은 판매 규정에 어긋나면 무조건 판매하지 않지. 반면에 고수 사장은 손님의 결에 맞춰줄 줄 안다. 손님의 요구와 형편에 따라 융통성 있게 자기 기준을 조정한다. 그러니까 자연스레 손님이 다시 찾게 되고, 입소문을 타고 손님이 늘어나 매출도 증가하게 되는 거야.

오늘날 4차 산업혁명 시대에는 인간만이 지닌 '공감력'이 가장 큰 경쟁력이 될 거라고 한다. 공감하는 능력은 자기 중심의 사고방식에서 벗어나, 다양한 타인들의 입장과 가치관을 접하고 경청하는 데서 싹트겠지.

그러니 오늘 만나는 모든 사람이 네 스승이요, 협력자라고 생각하면 어떨까? 사람들의 이야기를 들어보면 저마다 그렇게 살아가는 이유와 논리가 있다. 너와 맞지 않더라도, 그 사람 입장에서는 그게 옳은 것이지. 너와 다른 생각과 가치관도 넉넉하게 이해하고 수용할 줄 알아야 더욱 성장하고 성공할 수 있을 거야. 네가 더 넓은 세상으로 뻗어나가기를 진심으로 응원한다.

세상이 돌아가는 이치

남에게 이로운 것이 내게도 이롭다

얼마 전, 네가 운영하는 인터넷 쇼핑몰 고객과 통화하는 모습을 우연찮게 보게 됐다. 무엇이 문제였는지 큰 목소리로 항의하는 고객에게 네가 진땀을 흘리면서 설명하고 있었지. 그걸 보니 좀 안쓰럽더라. 그러나 한편으론 그런 과정 속에서 세상을 깨달아가겠지 싶어서 흐뭇하기도 했다.

앞서 세상은 나무에 숱한 나뭇가지가 뻗어나고 거기서 끊임없이 잎이 돋아나고 지는 것처럼, 수많은 인연이 거듭되는 곳이라고 했다. 우리는 세상을 살아가며 하루에도 각양각색의 사람들을 만나고 헤어진다. 그 가운데에는 내 마음에 쏙 들고 생각만 해도 좋은 사람이 있는가 하면, 두 번 다시 마주치고 싶지 않을 만큼 싫은 사람도 있지.

짧은 인생인데, 좋은 사람만 만나면서 살 수는 없을까? 안타깝게도 그럴 수는 없다. 결국은 다양한 사람들과 부대끼며 살 수밖에 없다. 어쩌면 사람은 세상에서 상처를 주고받으며 이해력과 공감력을 키우게끔 되어 있지 않나 싶다.

나도 세상에 살면서 사람으로부터 많은 상처를 받았다. 때로는 술로 괴로움을 달래기도 했지. 도대체 앞으로 어떻게 살아야 하나, 답이 안 보이고 막막하기만 했다. 그러면서 자연스레 세상이 돌아가는 이치에 관심을 갖고 들여다보게 되었다.

이 세상에는 수많은 것이 존재하지만, 크게 두 가지로 나눌 수 있지. 바로 생명이 있는 것과 없는 것이다. 생명 없는 것은 자연법칙, 물리적인 법칙에 따라서 움직인다. 그리고 생명 있는 것은 그 속성에 따라 다시 '나'와 '남'으로 나눌 수 있다.

이처럼 생명이 있는 것과 없는 것, 나와 남이 한데 이어져 끊임없이 상호 작용하면서 세상은 돌아간다. 생명이 있는 '나'는 나 중심으로 세상을 살아간다. 자기를 가장 소중히 생각하면서. 하지만 나만 생각하는 사고방식은 곧 다른 사람의 방식과 부딪치게 되지. 저마다 자기가 우선이라고 목소리를 높이면, 상황이 나아지지 않는다. 둘 다 제자리걸음을 하며 시간과 에너지를 허비할 뿐이다.

그러나 만약 어느 한쪽이 다른 쪽에게 선선히 양보한다면 어떨까? 상황이 순조롭게 풀리고, 다음 일로 넘어갈 수 있게 된다.

당장에는 손해를 보는 것 같아도, 결국 자기에게 이득이 되고 상대에게도 이로운 일이지. 이처럼 다 함께 잘되는 것을 '상생(相生)'이라고 한다.

세상 모든 것은 연결되어 서로 영향을 주고받기에, 남에게 좋은 것이 결국 나에게도 좋다. 이 단순한 진리를 깨달은 뒤, 나는 세상을 사는 방향이 명확해졌다. 농부가 좋은 씨앗을 많이 심으면 좋은 열매를 많이 거둘 수 있듯이, 매사 만나는 사람마다 최선을 다해 만족시키기 위해 노력했고, 그 결과 풍성한 수확을 경험했다.

나만을 위한 나쁜 욕심
남도 위하는 좋은 욕심

사람이라면 누구나 욕심이 있지. 좋은 걸 받고 싶고 누리고 싶은 욕심 말이다. 흔히들 욕심은 나쁜 거라고 생각해, 부리지 말라고 조언한다. 그러나 나는 욕심이 꼭 필요한 거라고 생각한다.

욕심에도 나쁜 욕심과 좋은 욕심이 있거든. 나쁜 욕심은 자기에게만 이로운 욕심이고, 좋은 욕심은 자기뿐 아니라 남에게도 이로운 욕심이다. 물론 이기적인 욕심은 멀리하는 게 맞겠지만, 자기와 남을 함께 이롭게 하는 좋은 욕심은 많이 가질수록 좋다고 본다.

모르는 것을 알고자 하는 욕심, 원하는 것을 이루고자 하는 욕심. 수많은 좋은 욕심 덕분에 이 세상은 지금껏 발전해왔다. 너는 어떤 욕심을 가지고 있니? 그 욕심이 너만을 위한 것인지, 남과 세상도 위하는 것인지 스스로에게 물음을 던져보았으면 좋겠다.

네가 가진 욕심이 좋은 욕심이라면, 그 욕심을 이루기 위해 열심히 노력해야겠지. "네가 받고자 하는 대로 남에게 행하라"는 오래된 격언이 있다. 그 말대로라면 받고 싶은 사람은 먼저 주어야 하는 거야. 내게 좋은 일이 이뤄지기를 마냥 손 놓고 기다릴 것이 아니라, 먼저 나서서 행해야 한다. 아무리 좋은 욕심, 원대한 계획이라도 행함과 노력이 뒤따르지 않으면 아무것도 아니다. 이 사실을 꼭 명심했으면 좋겠다.

동휘야, 아까 그 고객과의 문제는 잘 해결했니? 다양한 요구를 지닌 고객들을 만족시키기란 참 힘든 일이지. 나도 오랫동안 장사를 해왔지만, 사람 마음을 이해하고 필요한 것을 채워주는 것이 가장 어렵더라고. 별의별 사람에게 시달리다 보면 울분도 생기고, 다 때려치우고 싶을 때도 있을 거다. 하지만 세상 만물이 다 이어져 있음을 기억하고, 고객 한 명 한 명을 내 마음처럼 소중히 여기다 보면 그 결과가 분명 좋은 열매를 맺어 돌아오게 될 거야. 너와 세상을 이롭게 하는 좋은 욕심을 많이 가지고, 그 욕심을 삶에서 이루어가길 바란다.

뜻밖의 위기와 어려움을 만났을 때

사람은 위기를 통해 배우고 성장한다

너도 얼마 전부터 사업을 시작했지만, 요즘 주위를 둘러보면 젊은 사장들이 참 많아진 것 같다. 전에는 학교 졸업하면 취직하는 것이 정해진 수순이었는데, 이제는 반드시 회사에 들어가야 한다는 고정관념이 사라져가는 추세다.

특히 코로나19 이후 고용 시장이 침체된 상황에서 원하는 수준의 기업에 들어가기 어려워진 청년들 다수가 창업에 나서고 있는 실정이지. 하지만 안타깝게도, 돈과 경험이 부족한 청년들이 사업에 성공하는 건 무척 어려운 일이다.

최근 중소벤처기업연구원 보고에 따르면, 2016년부터 2020년까지 29세 이하 창업은 9.6%에서 19.6%로 꾸준히 증가했지만 동시에 폐업률도 함께 늘어났다고 한다. 2020년 기준으로 8.7%였는데, 이건 전체 평균보다 크게 높은 수치다. 취업 경쟁에 지친 청년들이 창업에 뛰어들었는데 그마저도 실패한다면 얼마나 암담할지, 떠올려보니 마음 한구석이 짠하다.

잘되면 잘되기 때문에, 못 되면 못 되기 때문에 문제인 것이 바로 사업이다. 일이 잘 안 풀리면 그 자체로 큰 어려움이고, 잘되면 일이 너무 많아져서 고단해지지. 주위에서 시기 질투를 하면서 자꾸 딴지를 거는 것도 몹시 스트레스를 준다.

이런 걸 보면 인생은 문제투성이인 것 같다. 어느 조건, 상황에서도 문제는 발생한다. 하나같이 쉬운 것은 없고 전부 어려우며 곤란한 문제들뿐이다. 우리가 살아 있는 한 문제도 계속해서 나타난다면, 과연 어떤 자세로 인생의 난제들을 마주해야 할까?

지난 한 주는 네 인생에서 참 중요한 시기였지. 다른 업체에서 보낸 지적 재산권에 대한 내용 증명, 상표 및 모델 디자인 등록에 대한 유명 브랜드의 협박, 진상 고객들의 컴플레인…. 이제 막 홀로서기에 나선 네게 현실은 너무 혹독한 것 같다.

밤낮으로 고민하고 애쓰는 네게 난 그저 알아서 하라는 말만 되풀이했던 것 같다. 별 도움을 주지 못해 미안한 마음이 들 때도 많지만, 너 스스로 풀어가며 배워야 할 문제란 생각에 묵묵히 지켜볼 뿐이었지. 아마 말은 안 했지만, 야속하다고 느끼기도 했을 거야.

하지만 아버지로서, 선배 사업가로서 네게 이런 말을 해줬지. 공부한다고 생각하고 정면으로 부딪치라고. 지적 재산권, 상표 디자인 등록 등등 관련 분야를 열심히 알아보고, 정정당당하게 대응하다 보면 많은 걸 배우게 될 거라고 말이야.

정말 그렇다. 사람은 어렵고 힘든 위기를 통해 배우고 성장한다. 처음 위기와 역경이 닥치면, 피하고 싶은 것이 당연하다. 왜 내게 이런 일이 일어났는지 원망스런 마음도 들곤 하지. 그러나 머리 아프고 짜증 나는 문제를 풀어낸 다음 그 시기가 지나고 보면 '아, 많이 배웠구나' 하고 깨닫게 될 거다. 그리고 나중에 똑같은 문제를 만나더라도 한결 수월하게 풀 수 있는 능력을 갖추게 되지. 그런 고비를 연거푸 넘으면서, 조금씩 자라나고 성숙하게 되는 것 같다.

아프고 나면 재주가 하나씩 늘어나는 아기처럼

나도 사업 초창기에 많은 고비를 겪었다. 안경원에서 일하면서 한 푼 두 푼 모은 돈으로 고향에 작은 안경원을 연 뒤로, 온갖 풍파를 겪으면서 사업체를 키워갔지. 가진 게 없었기 때문에 내 모든 에너지와 시간을 쏟아부어서 일했다. 하루도 안 쉬고 아침 9시부터 밤 9시까지 열두 시간 동안 꼬박 일했다. 그렇게 직원들과 똑같이, 아니 더 열심히 일하는 나를 보면서 직원들이 이런 사장은 처음이라며 혀를 내두를 정도였지.

모든 신경을 집중해 노력한 결과 사업은 번창하기 시작했다. 그러니까 주위에서 시기하며 훼방하는 사람들이 나타나더라. 숱하게 고발당했다. 하지만 나는 법의 테두리 안에서 사업을 키워왔기 때문에 수많은 비방과 모함에 정정당당하게 맞섰고, 문제를 해결할 수 있었다. 그리고 그러한 과정들 속에서 아주 소중한 것들을 배울 수 있었다.

2001년쯤이었던 것 같다. 내가 군위에서 대구로 온 지 3년 정도 지난 시점이었지. 당시 친구랑 동업으로 연 안경원이 어느 정도 안정되어 소문이 나기 시작했다. 기세를 타고 2호점을 열었는데, 옆 매장에서 우리가 과대광고를 한다면서 보건소에 고발했다.

어느 날 담당 공무원이 우리 매장에 들이닥쳤다. 고발된 이유를 밝히면서 조사를 시작하더라. 나는 조사에 성실히 응하면서, 무엇이 과대광고인지 물어보고 조목조목 설명했지. 그러자 공무원이 직접 검안을 받아보겠다고, 그런 뒤에 판단을 내리겠다고 말했다.

나는 처음부터 차근차근 검사를 다 해줬다. 한 시간쯤 걸려서 모든 검사를 마치고 난 뒤 공무원은 이렇게 말했지.

"다른 데랑 쫌 다르네! 과대광고는 아닌 것 같네예."

일은 거기서 마무리되었다. 그 사건을 겪으면서 더욱 확실하게 마음을 다잡았던 것 같다. 무슨 일이든지 투명하게, 정정당당하게 처리하기로. 그리고 어떤 문제든지 겁먹지 말고 하나하나 해결하다 보면 풀리게 되어 있음을 다시금 확인하게 되었지.

이처럼 사람이 살다 보면 반드시 뜻하지 못한 문제를 만나게 된다. 그때 놀라지 마라. 기죽지 말고 당당하게 헤쳐나간다는 마음으로 무장하면 방법은 반드시 생기게 마련이니까.

나는 너와 네 형을 키우면서 많은 지혜를 얻을 수 있었다. 모든 부모가 아기를 키우면서 겪는 일이 있거든. 바로 잔병치레다. 아기들은 자라면서 감기나 다른 잔병치레를 한다. 그런데 앓으면서 병을 이겨내고 나서는 재주가 꼭 한 가지씩 늘어난다. 참 신기한 일이지. 인간은 아프고 난 뒤에야 성숙하게 되는 모양이다.

그러니까 어려울 때, 온몸과 마음이 휘청휘청할 만큼 어려운 일을 만났을 때 좌절하거나 낙망해 있지 말고, 새로운 능력을 얻을 기회라고 긍정적으로 받아들이면 좋겠다. "인생사 새옹지마(人生事 塞翁之馬)"라는 말도 있듯이, 인생의 길흉화복은 항상 바뀌거든. 지금의 화가 언젠가는 복이 될 수 있도록, 용기 있게 헤쳐나가길 바란다. 사람은 어떤 위기도 극복할 수 있는 힘을 지니고 있음을 꼭 기억했으면 한다.

외로움이 사무칠 때

사람은 모두 외롭고 쓸쓸해

요즘 밥은 잘 챙겨 먹고 다니는지 문득 궁금하다. 네가 독립해 원룸에서 살기 시작한 지 벌써 몇 달이나 지났구나. 지난해 군대에서 제대한 뒤, 갑자기 혼자 살고 싶다고 했지. 그렇게 조그마한 다섯 평짜리 원룸에서 네 첫 자취 생활이 시작되었다.

코로나19 때문에 휴학 중이던 중국 학교에도 못 돌아가고, 좁은 공간에서 공부하랴 사업하랴 살림하랴 고군분투하는 너를 보면 참 답답하겠구나 싶은 생각이 든다.

좀처럼 힘든 내색을 하지 않는 너인데, 어느 날엔가 내게 외롭다며 속마음을 털어놓은 적이 있다. 친한 친구들은 전부 대구에 있어서 자주 만날 수가 없다고, 거의 온종일 혼자 있으려니 외로울 때가 많이 있다고 말했지.

외로움, 나도 참 많이 느껴봤지. 어렸을 때부터 항상 외로움을 달고 살았다. 몸이 불편해서 혼자 있는 시간이 많았거든. 학교 체육 시간, 소풍, 운동회, 수학여행, 그 밖의 여럿이서 어울릴 수 있는 기회로부터 난 늘 비켜나 있었다.

무리에서 동떨어져 홀로 있을 때, 많은 생각을 했던 것 같다. 체육 시간에 뛰어다니는 친구들을 창문 너머로 바라보면서, 맛있는 도시락을 싸 가지고 한껏 기대에 부풀어서 소풍 가는 아이들 뒷모습을 물끄러미 보면서 이런저런 생각에 잠겼던 것 같다. 부럽기는 했지만, 부정적인 생각에 빠져서 내 처지를 비관하지는 않았다. 그냥 현실 그대로를 받아들였지.

우울하고 쓸쓸할 때는 자전거를 탔다. 내가 가고 싶은 방향으로 무작정 자전거 페달을 밟으면서 달렸다. 그러면서 나 자신에게 속삭였다.

'너는 할 수 있어! 힘내! 남들하고 자꾸 비교하지 마!'

그렇게 스스로 용기를 북돋웠지. 그리고 책을 많이 읽었다. 힘든 조건에도 굴하지 않고 운명을 개척한 사람들의 에세이를 주로 읽었고, 한문 시간에 배운 공자님 이야기를 다시 읽으며 생각해보기도 했다. 그러면 힘이 나고 기분도 좋아지더라.

남들보다 많은 시간을 혼자서 보내면서 책도 읽고 생각도 하면서, 세상에 나만 힘든 것이 아니라는 사실을 깨달을 수 있었다. 저마다 자기만 아는 어려움과 말 못 할 고통이 있다는 걸 알고 받아들이고 나니, 나 혼자뿐인 것 같은 외로움도 조금은 사그라지는 것 같았다.

그래, 동휘야. 사람은 누구나 외롭고 쓸쓸함을 간직하고 살아간다. 부자든 가난한 사람이든 똑똑한 사람이든 어리석은 사람이든 상관없이 모든 인간은 결국 혼자이기 때문에 고독하다. 그런데 그 감정을 어떻게 처리하느냐가 중요한 거야. 외로움이라는 감정을 자기 안에서 잘 소화하면, 타인과 공감할 줄 아는 깊은 내면을 지닌 사람으로 성장할 수 있지. 하지만 그 감정에 갇혀 헤어나지 못하면 우울증이나 공황장애 같은 장애를 가지게 될 수도 있다.

좋아하는 일을 할 때
다른 처지의 사람을 만날 때 힘이 난다

내 경험에 비추어 봤을 때, 어떻게 외로움을 이겨낼 수 있는지를 이야기해보려고 한다.

첫째, 모든 사람은 혼자이기에 외로울 수밖에 없다는 사실을 받아들이는 것이다. 앞서 말했듯, 형편과 처지에 상관없이 누구나 쓸쓸하고 고독하며, 나 또한 예외는 아니라는 걸 인정해야 한다.

둘째, 자기가 좋아하는 일에 몰두하는 것이다. 우울함은 스펀지 같아서 모든 생각과 감정을 자기 쪽으로 끌어들이려고 하지. 그러니 그 감정에 매몰되기보다는 평소 즐겨 하던 것, 현재 상황을 잊고 집중할 수 있는 것을 하다 보면 기분이 조금씩 나아지고, 현실을 객관적으로 볼 수 있는 여유가 생길 거다.

셋째, 무조건 바깥으로 나가는 것이다. 익숙한 집 앞 골목을 산책해도 좋고, 다른 사람과 만나고 어울리면 더 좋다. 딱히 만나고 싶은 사람이 없다면, 관심 가는 동호회라도 가입해 낯선 이들과 만나서 시간을 보내면 어떨까. 그냥 만나는 것이지. 목적 없이, 누구라도 말이야. 내 생각, 삶의 틀에서 벗어나면 기분 전환도 되고, 또 다른 가능성을 발견할 수도 있다.

나도 가끔 우울해질 때가 있다. 아마 죽을 때까지 우울하고 외로운 감정은 단짝 친구처럼 내게 붙어 있을 거야. 삶이 막막하고 쓸쓸해지면 나는 시장에 간다. 대구에서 살 때는 서문시장에 자주 갔다. 시내에서 가장 큰 시장이지. 거기에 가면 두 다리가 없는 사람이 무릎에 가죽을 댄 채로 시장 바닥을 기어 다니면서, 소쿠리에 담긴 면봉이나 때수건 같은 생필품을 파는 광경을 볼 수 있었다.

그 모습을 보면 우울함이 싹 사라졌다. 저 사람은 어떤 심정으로 살아갈까, 나는 저 사람보다 형편이 훨씬 나은데도 불평하고 괴로워만 했구나, 나도 힘을 내야지 하고 다시 기운을 낼 수 있었다.

또 하나 내게 도움을 줬던 건 노래를 따라 부르는 거였다. 우울하고 힘들 때 듣고 부르던 노래 〈홀로 아리랑〉은 이런 가사로 되어 있지.

"저 멀리 동해 바다 외로운 섬

오늘도 거센 바람 불어오겠지
조그만 얼굴로 바람 맞으니
독도야 간밤에 잘 잤느냐
아리랑 아리랑 홀로 아리랑
아리랑 고개를 넘어가보자
가다가 힘들면 쉬어 가더라도
손 잡고 가보자 같이 가보자"

이 노래를 따라 부르면서 내가 독도가 되어서 힘을 냈다. 너는 무슨 노래를 좋아해? 가끔 노래도 부르고, 사람들로 북적이는 시장에도 가면서 기운을 북돋우면 어떨까. 우울하고 외로운 것을 밀쳐내려고 하기보단 그대로 인정하고, 깊은 사색의 기회로 삼아 성숙할 수 있기를 바란다.

결혼, 꼭 해야 하는 걸까?

세상 만물은 음양의 조화로 이루어져 있다

청년의 때는 고민하는 시기인 것 같다. 어떤 학교의 무슨 과로 진학해야 할지, 무슨 일을 하면서 살아갈지 고민의 연속인 것 같다. 졸업 후 취직하고 나면 자연스레 또 다른 고민을 하게 되지. 바로 이성 관계, 결혼에 대한 고민이다.

어떤 여자 또는 남자를 만날까, 결혼을 할까 말까 진지한 고민을 하게 된다. 인생을 송두리째 바꿀 수 있는 중요한 결정이기에 머뭇거리고 깊은 생각에 빠질 수밖에 없지. 아무리 생각해도 정답이 존재하지 않는 문제이기에 갈등의 시간은 더욱 길어진다.

나는 무언가 잘 풀리지 않는 문제를 만나면 자연에서 힌트를 얻으려고 한다. 오랫동안 변하지 않고 되풀이되어 온 세상의 이치에 해답이 있을 거라고 믿기 때문이다. 결혼 문제도 이러한 원리에 비추어 답을 얻을 수 있지 않을까?

한번 생각해보자. 세상은 음과 양의 조화로 이루어져 있지. 이 이치에서 어긋나는 것은 아무것도 없다. 밝음이 있으면 어둠이 있고, 오르막이 있으면 내리막이 있으며, 플러스(+)가 있으면 마이너스(-)가 있고, 남자가 있으면 여자가 있지. 주위를 둘러보면 사소한 것까지도 음양의 조화로 이루어져 있음을 알 수 있다.

그리고 여기에는 나도 포함된다. '나'라는 존재도 아버지와 어머니의 관계 속에서 생겨났다. 이런 남녀 관계가 없었다면 인류는 지금까지 이 세상에 존재할 수 없었을 거야.

가끔씩 나는 눈을 감고 생각해본다. 내가 지금 이곳에 있는 것이 얼마나 놀라운 기적인지. 내가 있는 건 부모님 덕분이고, 부모님이 있는 건 부모님의 부모님이 있었기 때문이지. 내 조상들 가운데 어느 한 명이라도 없었더라면, 불의의 사고로 일찍 죽었더라면, 나란 존재는 없을 거야. 그런 면에서 보면 지금 살아 있는 모든 사람은 기적의 존재요, 엄청난 행운아다.

과부하의 지구
스스로 몸집을 줄이는 걸까?

이런 놀라운 인류 역사를 되새겨보면, 결혼과 출산은 인간으로서 꼭 해야 할 도리처럼 여겨진다. 내가 부모의 결합으로 생겨났듯이, 나 또한 이성을 만나 결혼하고 또 다른 생명을 낳아서 인류가 지속되도록 해야 할 것 같다.

하지만 한편으로 또 다른 이치도 있지. 바로 '생'과 '멸'이다. 태어남이 있으면 쇠퇴와 죽음도 뒤따르게 된다. 오늘날 지구의 모습을 생각해보자. 지구의 정확한 나이에 대해서는 여전히 논쟁이 끊이지 않지. 어떤 이들은 46억 년에, 또 다른 이들은 6천 년 전에 생겨났다고 주장하고 있다. 어쨌든 굉장히 오래전에 지구는 생겨났다는 것이지. 지구도 하나의 유기체다. 그러므로 늙을 수밖에 없고, 언젠가는 사라질 것이다.

오늘날 여러 나라의 형편을 살펴보면, 지구의 수명이 얼마 남지 않았음을 알 수 있다. 그래서 몇몇 학자들은 곳곳에서 벌어지는 전쟁과 이상기후, 코로나19와 같은 전염병이 과부하 상태의 지구가 스스로 몸집을 줄이고 회복하려고 일으키는 거라고 주장하기도 한다. 충분히 일리 있는 견해라고 본다.

너무 많은 개발과 낭비로 지구는 한계 상황을 맞이했고, 수많은 생물이 멸종하고 있다. 이 마지막 시대에 자연의 일부분인 인간도 서서히 쇠퇴하려는 조짐을 보이는 것 같다. 젊은 세대가 더 이상 결혼하지 않고, 아이를 낳지 않으려고 하는 것도 어쩌면 쇠퇴의 섭리로 이해할 수 있지 않을까.

우리나라의 경우에는 더욱 극단적인 출산율 저하 현상이 나타나고 있지. 결혼하고 아이를 낳는 것이 더 이상 당연한 통과의 례가 아니게 되었다. 집단 중심의 문화에서 개인 중심의 문화로 바뀌고, 완전히 새로운 세상으로 변모해가고 있다.

이런 변화무쌍한 세상에서 '결혼'은 너무 위험한 선택 같기도 하다. 내 한 몸 책임지기도 힘든 시대이니까. 그래도 선택은 각자의 몫인 것 같다. 누군가에게는 혼자의 삶이, 또 다른 누군가에게는 같이 사는 삶이 맞을 수 있으니까, 저마다 맞는 길을 찾아서 가면 된다고 본다.

나와 비슷한 사람보다는,
너무 달라서 오히려 좋은 그런 사람

그런데 만약 결혼하기로 마음먹었다면, 어떤 사람을 만나는 게 좋을까? 이 문제 또한 음양의 조화에서 힌트를 얻을 수 있다고 생각한다. 세상 사람들은 흔히 서로 엇비슷한 환경과 조건의 사람들이 부부로 맺어져야 잘 살 거라고 말한다.

그러나 내가 지금까지 경험하고 봐온 것은 이와 정반대다. 주위를 둘러보면, 금실 좋은 부부는 서로 반대 성향을 지닌 경우가 많더라. 외모나 체질, 성격이 완전히 다른 사람들이 함께 잘 살아가는 모습을 보면 신기할 정도다. 하지만 이 또한 음양의 조화인 것이다. 나와는 다른 부분, 내게 없는 것을 가지고 있는 상대를 만나면 비로소 온전해지는 거지. 어쩌면 결혼이라는 걸 통해 두 명의 부족한 인간이 연합해 하나의 완전한 인간으로 다시 탄생하는 것일지도 모르겠다.

네게 한 번도 들려주지 않은 얘기를 해보려고 한다. 내가 너만 할 때 있었던 일이다. 학교 졸업하고 안경원에 취직해 일하고 있는데, 어느 날 사촌 누나에게서 전화가 왔다. 누나는 나보다 열다섯 살쯤 많았는데, 대전의 부잣집으로 시집가서 유복하게 살고 있었지.

누나가 대뜸 내게 물었다.

"재환아! 선 한번 볼래?"

그 물음에 나는 너무 놀랐다. 가난한 데다 몸도 불편하기 때문에 결혼은 못 할 거라고 포기하고 살고 있었거든. 누가 나 같은 사람에게 시집을 오려고 할까, 나라도 싫을 것 같다고 생각했다. 그래서 황당한 마음에 "뭔 소리고? 내가 무슨 선을 보노…." 하고 답했지.

그랬더니 누나가 이러는 거야. 잘 생각해보라고, 네 조건과 집안 형편에 언제 안경원 차리고 장가갈 수 있겠느냐고. 그러면서 지금 소개하려고 하는 여자는 대전에서 금은방을 하는 부잣집 딸인데 두 다리를 못 쓰는 장애인이라고, 피아노 학원을 하고 있는데 네 얘기를 꺼냈더니 만나보고 싶어한다고, 결혼이 성사되면 안경원도 차려줄 수 있다고 하더라고.

그때 내 귀에 쏙 들어온 건 여자의 조건보다 안경원을 차려줄 수 있다는 말이었다. 어쩌면 내 안경원을 열 수 있는 절호의 찬스라는 생각이 들었지. 그래서 만나보겠노라고 대답하고 전화를 끊었다.

그러고 며칠 뒤 기차를 타고 대전에 갔다. 우선 그 여자의 아버지를 만나 인사하고, 여자와 함께 저녁을 먹으러 레스토랑에 갔지. 그 여자는 나보다 몸이 더 불편하더라. 목발을 짚고 다녀야 했다. 그래서 지금까지 남의 도움으로 살아온 내가 오히려 그 여자의 목발을 챙기고 도와가면서 이동하고 식사를 해야 했다.

너무 오래된 일이라, 여자의 얼굴도, 함께 나눈 이야기도 기억나지 않는다. 하지만 생생하게 떠오르는 건, 우리 두 사람을 쳐다보던 사람들의 시선이다. 레스토랑에 가서 식사하고, 나중에 나와서 택시 타는 데까지 여자를 배웅해주는 동안 수많은 시선이 우리를 향해 있었지. 불쌍하다, 애처롭다, 또는 신기하다는 듯이 우리를 쳐다보는 시선을 받으면서 착잡한 마음이 되더라.

그날 밤, 친한 친구와 만나서 술을 마셨다. 친구는 '뭐가 부족해서 그런 결혼을 하려고 하느냐'면서 나를 말렸다. 나도 확신이 생기지 않아, 몇 날 며칠을 고민했지. 누나는 그 여자와 가족은 너를 마음에 들어한다고, 너만 결정하면 된다면서 내 의견을 물었다.

나는 엄청난 고민 끝에 결혼하지 않기로 결론을 내렸다. 나처럼 신체장애가 있는 사람과 살아갈 용기가 나지 않았거든. 그래서 누나에게 그 여자의 주소를 물어보아서, 직접 내 뜻을 전하는 편지를 썼다. 미안하고 죄송하다고, 더 나은 사람을 만나길 바란다고 진심을 담아 쓴 편지를 보냈다.

지금 와서 생각해보면, 잘한 결정이었다. 내게 부족한 부분을 채워줄 수 있는 지금의 네 어머니를 만날 수 있었으니까. 이렇듯 결혼은 비슷한 사람끼리 하기보다는 서로의 단점을 채워줄 수 있는 상대와 하는 것이 좋다고 생각한다.

결혼을 생각하기 전에 먼저 너 자신을 파악해야 한다. 네가 어떤 사람인지, 무엇을 가지고 있고 무엇이 부족한지 냉철하게 평가해보길 권한다. 그런 뒤에 네게 없는 것을 가진, 또 네가 채워줄 수 있는 부분을 지닌 완벽한 짝을 만날 수 있을 거다.

운 좋은 사람이 되는 법

운은 저절로 주어지는 게 아니라 직접 만드는 것이다

많은 사람이 내게 성공 비결을 묻는다. 아무것도 없이, 불편한 몸을 가지고 백 개가 넘는 프랜차이즈 가맹점과 제조원을 운영하는 사장이 되었으니 특별한 비결이 있을 거라고 생각하는 것 같다.

비결이라고 부를 수 있을지는 모르겠지만, 나만의 신념이 있기는 하다. 그건 세상에서 성공하려면 좋은 운을 만들어야 한다는 것이다. 사람들은 대개 운은 우연히, 또는 필연적으로 주어지는 거라고 생각하더라. 운을 직접 만든다는 생각은 못 하는 것 같다.

하지만 동휘야, 운은 만드는 것이다. 주어진 조건도 중요하지만, 스스로 어떤 운을 만들어가며 사느냐에 따라 인생이 크게 달라질 수 있다. 그렇다면 어떻게 좋은 운, 성공하는 운을 만들 수 있을까?

두 가지 방법이 있다. 하나는 스스로 좋은 운을 만드는 것이고, 또 하나는 남이 내게 좋은 운을 가져다주도록 만드는 것이다. 첫 번째, 자기가 자기 운을 좋게 만드는 방법은 아주 간단하다. 아마 대부분의 사람이 이미 알고 있을 거야. 매사에 긍정적인 마인드를 가지는 것이지.

너무 뻔한 답이라고 생각할지 모르겠다. 하지만 오늘 하루 네 생각과 태도를 되짚어봐. 긍정적인 생각보다는 부정적인 사고방식에 사로잡혀 말하고 행동하지 않았니? 내가 늘 염두에 두는 건 말과 생각에 힘이 있다는 것이다. 그 자체로 힘을 지니고 있기에 우리는 되도록 좋은 방향으로 생각하고 말해야 한다.

몹시 힘들 때도 '나는 할 수 있다!' '나는 잘될 것이다!' 하고 되뇌곤 했다. 그리고 그 생각대로 모든 것을 밝게, 긍정적으로 보려고 했다. 어떤 고비가 오면 새로운 것을 배울 기회라고 여기고, 더 노력하고 연구하며 극복해나갔다. 그랬더니, 정말 앞날이 밝아지더라. 고난과 역경도 시간이 지나자 복이 되더라고. 이처럼 긍정적인 마음을 지닌 사람에게는 모든 것이 좋은 일이 된다. 이 사실을 꼭 기억해, 늘 밝은 마음으로 힘차게 살길 바란다.

남이 내 운을 만들어준다

두 번째, 남이 내게 좋은 운을 만들어주도록 하려면 어떻게 해야 할까? 남이 무슨 생각을 하는지 짐작조차 할 수 없는데, 내게 좋은 운을 만들어주게 한다는 것은 불가능한 얘기 같을 것이다. 하지만 이 또한 아주 쉽고 간단하게 이룰 수 있다. 그리고 스스로 만드는 운보다도 남이 만들어주는 운이 더욱 강력하니, 한번 잘 들어봐.

남이 내게 좋은 운을 만들어주게 하려면, 나를 보고 '저 사람은 잘될 수밖에 없다' '저 사람이 안 되면 누가 돼!' 하는 생각과 말을 하게끔 만들면 된다. 누가 봐도 열심히, 바르게 살아가면 주위 사람들은 감탄하게 되고, 확신하게 된다. 그 생각과 말에서 나오는 에너지가 내게 좋은 운으로 작용하게 되는 거지.

구체적으로 어떤 방법이 있을까? 단순한 예로 '인사'를 들 수 있다. 사람들은 인사의 중요성을 간과하는 것 같다. 그저 그때그때 기분에 따라, 내가 좋아하는 사람에게만 하는 둥 마는 둥 인사를 하고 지나치는 것이 대부분이지.

그러나 인사는 나와 다른 사람이 만나서 처음 주고받는, 무척 중요한 행위다. 그래서 '인사(人事)'의 본뜻은 '사람이 하는 일'이란 것이다. 사람이라면 반드시 해야 하는 일, 사람으로서 꼭 해야 하는 일이란 뜻이야. 인사가 얼마나 중요한지 이제 알겠지.

인사의 중요성을 일깨워주는 이야기가 있다.

옛날에 한집에 두 형제가 살았다. 아버지가 보기에 첫째는 머리가 좋아 공부를 잘해서, 앞날이 걱정 없었다. 그런데 둘째는 머리도 안 좋고 공부도 못 해서 자기 앞가림이나 할지 알 수가 없었다. 아버지는 고민 끝에 둘째에게 공부하라는 소리 대신, 앞으로 만나는 사람 모두에게 무조건 90도로 정중하게 인사하라고 말했다. 그 얘기를 들은 둘째는 그때부터 신나게 온 동네 사람들에게 인사를 하기 시작했다. "안녕하십니까!" 우렁차게 외치며 고개를 숙여 인사했지.

세월이 흘러 첫째는 공무원이 되었고 그럭저럭 먹고살게 되었다. 둘째는 어른이 되어서도 만나는 모든 사람에게 깍듯이 인사를 하며 지냈다. 그 모습을 한 대기업 회장이 보게 되었고, '저렇게 인사성이 밝은 사람이라면 일도 착실하게 잘할 거야' 하는 생각에 그를 채용하기로 했다. 둘째는 회사에서 승승장구했고, 중역으로 승진하기에 이르렀다. 늘 형보다 못하다는 소리를 듣던 동생이 오히려 더 많은 돈을 벌고, 존경받으며 살게 된 거지.

이처럼 인사는 사람에게 좋은 인상과 신뢰감을 줄 수 있다. 따지고 보면 인간관계의 모든 것이 다 중요한 듯하다. 사소한 말투, 습관 모두 다른 사람이 나를 평가하는 잣대가 된다. 세상은 혼자 힘으로 살아갈 수가 없지. 성공도 수많은 사람의 도움이 있어야 가능하다.

그러니 너도 오늘부터 만나는 모든 사람에게 기분 좋은 인사를 건네보면 어떨까. 긍정적인 마인드로 네 삶을 일구면서, 다른 사람에게 좋은 인상과 영향을 준다면 분명 시간이 갈수록 네게 운 좋은 일이 가득할 것이다. 어떤 상황에서도 흔들리지 않고, 스스로 좋은 운을 만들며 사는 네가 되길 기원한다.

어른 됨

세상에 첫발을 내디딜 때

- 무언가 이루고 싶은 것이 생기면 구체적으로 글로 써보아라.
- 목표가 명확해야 그것을 이룰 방법도 명확해진다.
- 누구나 처음에는 두렵고 불안하다.

살면서 경험하게 되는 333법칙

- 첫 3일, 3개월, 3년의 위기를 잘 넘겨라.
- 한곳에서 충분히 경험을 쌓아서 전문성을 갖춰라.

어른은 어떻게 되는 걸까?

- 시행착오를 건너뛰고 어른이 되는 사람은 아무도 없다.
- 자기 기준에서 한발 물러날 줄 아는 진정한 어른이 되어라.

세상을 살아가는 방법

- 자기 둘레를 벗어나야 크게 도약하고 성장할 수 있다.
- 초보는 자기중심적이지만, 고수는 상대에게 맞춰줄 줄 안다.

세상이 돌아가는 이치

- 세상 모든 것은 연결되어 서로 영향을 주고받는다.
- 남에게 좋은 것이 나에게도 좋다.
- 받고 싶다면 먼저 줘라.

뜻밖의 위기와 어려움을 만났을 때

- 인생은 문제투성이다.
- 고비를 넘으면서 조금씩 자라고 성숙한다.
- 문제를 만났을 때 놀라지 말고, 당당하게 헤쳐나가라.

외로움이 사무칠 때

- 사람은 누구나 외롭고 쓸쓸하다.
- 외로울 때에는 바깥으로 나가라.

결혼, 꼭 해야 하는 걸까?

- 결혼을 생각하기 전에 먼저 너 자신을 파악해라.
- 만약 결혼을 한다면 네게 없는 것을 가진, 또 네가 채워줄 수 있는 부분을 지닌 사람과 해라.

운 좋은 사람이 되는 법

- 운은 주어지는 게 아니라, 직접 만드는 것이다.
- 몸에 밴 배려와 바른 습관이 좋은 운을 가져다준다.

"일을 잘하기 위해서는 자신이 그 일을 왜 하는지, 일을 통해 무엇을 이루고자 하는지가 명확해야 한다. 그것이 정해진 뒤에야 일이 자기에게 의미를 가진 것이 되고, 시간과 힘을 들여서 해볼 만한 무언가가 되거든."

Chapter
02

일

나를 깨닫고 세상을 바꾸는

일이란?

존재감을 확인하고 세상을 이롭게 하는 일

월요일 아침, 하늘에서 비가 추적추적 내린다. 그렇지 않아도 출근하기 싫을 수많은 직장인들의 짜증 섞인 한숨 소리가 들려오는 듯하다. 나도 그랬지. 사회 초년생이었을 때, 아침이면 회사에 가기 싫어서 엎치락뒤치락 한껏 게으름을 피웠던 기억이 생생하다. 그 시절에는 일하는 게 너무 싫어서 퇴근 시간만 기다리곤 했다.

사람들은 대개 일이라고 하면 싫은 것, 최대한 피하고 싶은 것으로 여기지. 좋아서 하는 사람보다는 하기 싫지만 먹고살려면 어쩔 수 없으니까 하는 사람이 훨씬 많은 게 현실인 것 같아. 그런데 한번 생각해보자. 일은 정말 나쁜 걸까? 괴로우니까 피해야 하는 걸까?

'일'을 사전에서 찾아보면 '무엇을 이루거나 적절한 대가를 받기 위하여 어떤 장소에서 일정한 시간 동안 몸을 움직이거나 머리를 쓰는 활동'이라고 나온다. 이 말을 거꾸로 하면, 일하지 않으면 무언가를 이루기도, 대가를 얻기도 힘들다는 뜻이 되지. 자, 그럼 일이란 게 우리 삶에서 어떤 의미를 차지하는지 좀 더 자세히 살펴보자.

첫째, 일은 우리가 존재감을 느낄 수 있게 해주는 도구다. 우리는 일을 통해서 저마다 능력을 발견하고 표출한다. 아마 일이 없다면, 자기가 어떤 능력을 가지고 있는지 알기 어려울 거야. 각자 직장에서 일을 하면서 이런저런 경험을 하고, 다양한 사람과 관계를 맺으며 비로소 자기가 어떤 사람인지, 무엇에 강하고 약한지 깨닫게 된다. 일을 통해 좌절하거나 인정받으며, 사회에서 스스로 존재감을 진하게 느끼게 되지. 그러니까 일은 돈 때문에 하는 것이기도 하지만, 자기를 알고 성장하기 위해 꼭 필요한 것이기도 하다.

나 또한 안경 일을 30년 넘게 하면서 무수한 경험을 했다. 그러면서 나 자신을 발견하고 끊임없이 성장시켜온 것 같다. 이제는 안경이 곧 나인 것 같고, 안경 일 때문에 내가 존재하는 것 같을 때도 있지. 주위 사람들도 '손재환' 하면 바로 '안경하는 사람' 하고 떠올릴 거야. 이처럼 일은 한 사람의 존재를 확인시켜주는 중요한 것이다.

둘째, 일은 남을 이롭게 하는 것이다. 세상은 '나'와 '남'으로 이루어져 있지. 그런데 우리가 무수한 남들의 도움에 기대어 살아가고 있다는 거 아니? 오늘 먹은 밥만 봐도 그렇다. 공기, 햇빛, 물, 농부, 정미소 직원, 배송원, 포장원…. 이루 다 헤아릴 수 없을 만큼 많은 남들의 도움으로 우리 식탁까지 온 것이다. 우리가 날마다 사용하는 옷이며 신발, 갖가지 물건에도 수많은 사람과 자연의 도움, 노력이 담겨 있다.

이처럼 남들의 도움을 받아 존재하면서 나는 조금도 도움을 주지 않는다면 너무 이기적이지 않을까? 도움을 받았으니 나 또한 마땅히 다른 이들을 이롭게 하는 일을 해야 한다고 생각한다. 안경 일이 내게는 그런 것이지. 나 역시 일이 힘들고 하기 싫을 때도 많다. 하지만 그때마다 눈이 불편하고 잘 안 보이는 사람들에게 광명을 찾아준다는 생각을 하며, 되도록 즐겁게 일하려고 노력한다.

네가 앞으로 무슨 일을 하든, 그 일을 통해 다른 사람을 편하고 이롭게 한다는 마음을 가진다면 일이 괴롭지만은 않을 거야. 이 세상은 서로의 편리와 즐거움, 행복을 채워주며 살아가도록 되어 있는 거대한 공동체라는 사실을 기억해. 네가 행복해지려면, 네 몫의 일을 감당해 다른 이들을 행복하게 해줘야 함을 늘 명심하길 바란다.

없던 것을 있게 만드는 일의 힘

마지막으로 일은 없던 걸 있게 만드는 것이다. 인류 역사를 찬찬히 되짚어보면, 우리 인간의 능력은 참 대단한 것 같아. 불가능해 보이는 것을 끊임없이 가능하게 만들어냈으니까. 요즘 사람들이 늘 손에 들고 살다시피 하는 스마트폰만 해도 그렇지. 내가 어렸을 때는 상상도 못 한 편리한 기계를 사람들이 만들어서 널리 사용하고 있다.

앞으로 또 얼마나 놀라운 기술이 나타날지 상상하기도 어렵지만, 확실한 건 그 모든 게 일을 통해 이뤄질 거라는 사실이다. 지금 우리 삶을 가득 채운 수많은 기술과 발명품이 일을 통해 만들어졌음을 생각하면, 일이란 게 그저 먹고살려고 하는 차원을 넘어서서 인류 역사를 변화시키고 앞으로 나아가게 하는 거대한 동력이란 걸 알게 된다. 사람은 일을 하면서 현재 존재하지 않지만 필요하고, 어쩌면 가능할지도 모르는 무언가를 구상한다. 그리고 함께 힘을 합쳐 현실로 만들어내지. 정말 대단하지 않니?

지금까지 네가 어떤 마음으로 일해왔는지 궁금하구나. 아마 너도 일이 괴롭고 귀찮고 피하고 싶을 때도 많을 거야. 안 할 수 있다면 평생 안 하고 싶다는 생각도 들겠지.

하지만 일하지 않는 인간이 행복할 수 있을까? 곰곰이 생각해 볼 일이다. 내 경험에 비춰보면, 일하면서 보람과 행복을 느끼게 되더라. 서로 도와가며 살 수밖에 없는 구조로 되어 있는 세상에서 어차피 해야 할 거라면, 즐겁게 하면 어떨까? 언젠가 네가 일을 떠올리면 마음속에 '행복'이란 말이 같이 떠오르게 되기를 바란다.

무얼 해서 먹고살까?

좋아하는 일보다는 잘하는 일을 좋아하는 게 낫다

요즘 청년들이 일 때문에 괴로워하는 것을 많이 본다. 십수 년 동안 쉬지 않고 공부해 좋은 대학을 졸업했지만, 마음에 드는 일자리를 구하지 못해 또다시 스펙 쌓기용 공부를 시작해야 하는 현실, 치열한 경쟁률을 뚫고 공무원이 되었지만, 적성에 맞지 않거나 적은 월급 때문에 그만두고 만 현실, 취업에 성공했지만, 치솟는 물가에 퇴근 후 다른 부업을 병행해야 하는 현실…. 모두 실제로 우리 주위에서 벌어지고 있는 안타까운 현실이지.

천신만고 끝에 취업에 성공해도 일에 대한 고민은 계속된다. 그 일이 자신에게 맞는지, 평생 할 만한 것인지 확신할 수 없어 많이들 방황한다. 어릴 때부터 다양한 경험과 폭넓은 사고를 통해 자기 자신을 파악하고 진로를 탐색해야 하는데, 주입식 교육 탓에 그럴 기회를 놓쳐서 뒤늦게 시행착오를 겪는 것 아닐까 싶다. 하지만 일이라는 건 인생에서 무척 중요한 의미를 지니기 때문에, 시간이 걸리더라도 차근차근 자신에게 맞는 일을 알아보아야 한다.

젊은 직원들이 종종 이렇게 묻곤 한다.

"사장님, 내가 좋아하는 일을 하는 게 맞을까요, 아니면 잘하는 일을 하는 게 좋을까요?"

이런 질문을 받으면 딱 잘라 대답하기 어려워 곰곰이 생각해 보게 된다. 어떤 사람은 자신이 잘하는 것을 하는 게 좋다고 하고, 또 다른 사람은 무조건 좋아하는 일을 좇아서 하라고 권하지. 어쩌면 둘 다 맞는 거겠지. 정해진 답은 없는 것 같다.

하지만 나는 이런 대답을 내놓곤 한다. "좋아하는 일을 하는 것보다는, 잘하는 일을 하면서 그 일을 좋아하는 게 나은 것 같다"라고…. 왜냐하면 사람의 감정은 일시적인 경우가 많은 것 같기 때문이야. 아무리 맛있는 음식도 매일 먹다 보면 싫증이 나듯이, 지금 무척 좋아하는 것이라 해도 언젠가는 시들해지지 않을까?

일도 마찬가지라고 본다. 무척 즐겁고 좋아하는 일이라고 해도 어느 정도 시간이 지나면 슬슬 지겨워지고 싫어질 수 있거든. 그러나 잘하는 일은 할수록 더 잘하게 되고, 자기만의 경쟁력이 생기게 마련이지. 이런 걸 고려하면, 잘하는 일을 찾아서 되도록 즐기며 하는 것이 맞다는 결론이다.

그런데 내가 잘하는 일이 뭘까? 진짜 고민은 여기에서 시작된다고 생각한다. 타고난 재능이나 재주가 도드라지는 극소수를 빼고는, 대개 자기가 뭘 잘하는지 모르거든. 수많은 직업을 하나하나 다 경험해볼 수도 없고, 참 답답한 일이지.

하지만 너무 크게 걱정하지 않아도 된다고 말해주고 싶다. 나를 포함한 거의 대부분의 사람들이 똑같은 고민을 하면서 살아왔으니까. 다들 엇비슷하게 더듬더듬하면서 자기에게 맞는 일을 찾아가고 있거든. 그러니까 서두르지 말고, 찬찬히 배우고 경험하면서 자기가 잘할 수 있고 즐길 수 있는 일을 찾으면 된다.

취직은 세상 학교에 입학하는 것

일을 찾는 방법 중에 하나 제안하고 싶은 것이 있다. 그건 바로 자신의 생활 반경에서 만나는 사람들의 직업을 전부 조사해보는 거야. 내가 아침에 일어나서 밤에 하루를 마감할 때까지 만나는 모든 사람의 직업을 일일이 써보는 거지.

그러면 경비 아저씨, 청소부 아주머니, 운전사, 택배기사, 식당 주인, 배달원, 의사 등등 세상에 엄청나게 다양한 직업이 존재한다는 걸 깨닫게 될 거야. 그 사람들이 일하는 모습을 살펴보면 내가 잘할 수 있고 좋아할 만한 일을 찾거나, 찾을 수 있는 실마리를 얻게 될 거라고 본다.

만약 그렇게 해봐도 답이 나오지 않는다면, 물결에 몸을 맡기

듯 인연의 흐름에 따라 일을 만나는 것도 괜찮다. 나도 그랬거든. 고등학교 3학년 때 담임선생님의 추천으로 안경광학과에 들어가게 되었고, 졸업 후 취직해 안경 일을 하다 보니 창업하게 되어 지금까지 왔다. 선생님의 추천이 없었다면, 아마 전혀 다른 일을 하고 있었을 거야. 물론 나도 열심히 했지만, 평생 먹고살 길을 열어준 선생님에게 늘 고마움을 가지고 있다.

동휘야, 네가 학교 공부와 인터넷 사업을 병행하면서 늘 미래에 대한 고민이 많다는 것을 잘 안다. 스스로 적극적인 탐색을 하든, 인연을 통해 저절로 만나게 되는 방식을 택하든, 새로운 일에 도전하는 걸 무서워하지 않았으면 좋겠다.

어떤 일이든 직접 해보는 것이 중요하거든. 일을 하면서 학교에서 배운 지식과 실제 경험이 어떻게 다른지 몸소 터득하고, 자신의 강점과 약점을 깨달으며 강점은 더욱 강하게 하고 약점은 보완할 수 있다. 여러 부류의 사람을 만나고 상대하면서 사람에 대해 배우고, 사람답게 사는 법을 깨달을 수도 있지.

이처럼 일이라는 건 힘들고 고되지만, 성장하기 위해 꼭 필요한 것이다. 그러니 너무 어렵게만 생각하지 말고 중학교에서 고등학교로, 고등학교에서 대학교로 올라가듯, 대학교에서 세상 학교로 입학한다고 생각하고 여러 가지 일을 탐색하며 경험해보길 권한다. 세상 학교에서는 이때까지와는 전혀 다른 새로운 과목을 배우게 될 거고, 선생님들도 무수하게 많을 거다. 일을 하며 만나는,

즐겁거나 괴롭거나 뿌듯하거나 쓰라린 모든 경험이 결국 좋은 스승이 되거든. 네가 세상 학교에서 소중한 가르침을 많이 얻고, 더욱 성장하기를 기원한다.

76 일 ______

일을 잘하는 방법

목표가 뚜렷해야 끝까지 해낸다

아침에 일어났는데 몸이 천근만근이다. 몇 달 동안 일요일만 쉬고 강행군을 했더니 몸살 기운도 있고, 컨디션이 영 좋지 않네. 내 사정을 잘 모르는 사람들은 사장이라서 좋겠다며 부러워하지. 일하고 싶을 때 일하고 놀고 싶을 때 놀 수 있는 것으로 착각하곤 하지. 하지만 네가 쭉 봐왔듯이 나는 직원이랑 똑같이, 아니 직원보다 더 열심히 일한다. 직원은 휴무일에는 쉴 수 있지만, 나는 출장이다 뭐다 해서 마음 편히 쉴 수 있는 때가 거의 없다.

그러다 보니, 간혹 직원들이 내게 말하기도 한다. 왜 그렇게 열심히 하시냐고, 이런 사장은 처음이라고. 내가 이렇게 쉬지 않고 일하는 이유는 간단하다. 꼭 이루고 싶은 목표가 있기 때문이지.

20대 초반에 고향인 경북 군위에 첫 안경원을 차렸을 때, 내 목표는 대구로 진출해서 안경원을 여는 거였다. 정말 부지런히 배우고 쉴 새 없이 노력해서 친구와 함께 대구에 안경원을 차린 뒤에는 '대구 매출 1위'로 목표가 수정되었다. 장사가 잘돼서 지점을 여러 개로 늘려갔고, 마침내 대구에서 매출 1위를 달성하게 되었지. 하지만 나는 거기서 안주하지 않고, 또다시 목표를 바꿔 이제는 '대한민국 안경 프랜차이즈 1위'를 이루기 위해 꾸준히 달려가고 있다.

목표가 뚜렷한 사람과 그렇지 않은 사람은 일하는 자세에서 큰 차이가 난다. 똑같은 일이 주어져도, 목표가 있는 사람은 자발적으로 생각하고 준비해 빈틈없이 처리하는 반면, 목표가 없는 사람은 별다른 준비도 하지 않고 임기응변식으로 일하기에 어설프고 실수가 많지.

그러니까 일을 잘하기 위해서는 자신이 그 일을 왜 하는지, 일을 통해 무엇을 이루고자 하는지가 명확해야 한다. 그것이 정해진 뒤에야 일이 자기에게 의미를 가진 것이 되고, 시간과 힘을 들여서 해볼 만한 무언가가 되거든. 스스로 아낌없는 노력을 쏟아부어 목표를 이루고 나면, 대개 또 다른 목표를 정하고 다시 처음부터 시작하게 되지. 한번 목표를 달성한 사람은 머무르지 않고, 새로운 목표를 찾아 나선다. 왜일까? 목표 달성이란 짜릿한 맛을 봤기 때문이다. 목표지향적 인간은 다른 사람이 시키지 않아도 스스로 목표를 세우고 열심히 노력해 성취하면서, 성큼성큼 성장한다.

소통 능력이 핵심이다

너는 어떤 목표를 가지고 있니? 많은 시간을 함께하면서도 정작 네 인생의 목표나 꿈에 대해서는 충분한 대화를 나누지 못한 것 같아 아쉽다. 조만간 차분히 이야기 나눌 수 있기를 바란다.

지난 30년간, 우리 안경원을 거쳐 간 직원들은 참 많다. 정확히 헤아려보지는 않았지만, 족히 수백 명은 될 거다. 각양각색의 직원들을 만나 같이 일해보니 대략 세 종류로 나뉘더라.

첫째, 하나를 알려주면 하나 이상을 알아서 해내는 사람.

둘째, 하나를 알려주면 그 하나만 하는 사람.

셋째, 알려준 하나도 제대로 하지 못하는 사람.

하나를 알려주면 그 이상을 알아서 하는 첫째 유형은 일머리가 좋은 사람이다. 주체적으로 생각하면서 일하는 사람이지. 판단력과 실행력도 좋지만, 무엇보다 자기 삶과 일에 대한 목표가 뚜렷한 유형이다. 이런 사람들이 회사에 많다면, 그 회사는 크게 성장할 거다. 사장이 자리를 비우더라도, 큰 걱정이 없겠지. 왜냐하면 다들 알아서 잘할 테니까.

하지만 실제로 보면 두 번째와 세 번째 유형의 사람들이 훨씬 많다. 두 번째 유형은 일에 대한 동기 부여가 잘 이뤄지고, 회사의 목표와 비전을 자기 것으로 받아들이기만 한다면 인재가 될 수 있다. 하지만 그런 경우는 드물고, 대개 주어진 일만 하면 된다는 소극적인 생각을 지니고 수동적인 행동을 보이기 때문에 회사 입장에서는 좀 아쉬운 사람이지.

그러나 가장 심각한 문제는 세 번째 유형이다. 이 유형에 속하는 사람은 대체로 남의 말을 잘 안 듣는 특징이 있다. 아무리 이야기를 해도 자신에게 어떤 문제가 있는지 깨닫지 못한다. 이런 직원에게 아무리 객관적인 평가 자료를 보여주면서 긴 시간 면담을 가져보아도, 잘 변하지 않더라. 그럴 때면 마음이 답답해진다. 사람이 자기 자신을 객관적으로 분석할 수 있는 힘이 있으면 참 좋을 텐데 하는 생각이 든다.

한마디로 요약하자면, 일을 잘하려면 명확한 목표의식과 함께 듣는 능력이 있어야 한다. 세상은 여럿이 어우러져 살아가는 곳이지. 일터에서도 수많은 사람들이 함께 일을 한다. 여러 사람이 같이 손발을 맞추려면, 상대의 말을 이해하고 효과적으로 내 뜻을 전달하는 소통 능력이 필수다.

소통 능력을 키우려면 어떻게 해야 할까? 먼저 누구나 완벽한 사람은 없고, 서로 부족한 점을 채워줘야 한다는 점을 이해하고 받아들여야 할 것 같다. 그런 다음 다양한 사람을 만나보고 책도 두루 읽으면서, 조금씩 남과 소통하는 연습을 해야겠지. 쉽지 않겠지만, 의지를 가지고 꾸준히 노력하면 될 거라고 본다. 겸손한 자세로 상대의 이야기를 경청하면서 그 심중을 정확히 이해하고, 필요한 것을 채워줄 줄 아는 사람이야말로 오늘날 가장 경쟁력 있는 인재임을 기억하길 바란다.

성공한 부자가 되려면

열심보다 중요한 건 파는 능력

사람들은 열심히 하면 성공할 수 있다고 믿는다. 하지만 네가 사회에 나와보면, 그렇지 않은 경우도 많다는 걸 깨닫게 될 거다. 어떤 사람은 정말 열심히 하는 것 같은데 잘 안 되고, 또 다른 사람은 적당히 하는 것처럼 보이는데 승승장구하는 걸 보면 좀처럼 이해가 안 되기도 한다.

하지만 오랫동안 현장에서 일을 해보니 조금씩 그런 현상이 나타나는 이유를 알 것 같다. 성공을 하려면 물론 열심히 해야 한다. 그건 당연한 것이고 기본 중의 기본이다. 죽어라 노력한 사람들이 반드시 모두 성공하는 건 아니지만, 성공한 사람은 엄청난 노력을 기울인다.

성공하는 사람은 노력도 해야 하지만 그 노력의 결과물을 구매로 전환하는, 즉 파는 능력이 있어야 한다. 일을 열심히 잘하는 능력뿐 아니라 잘 파는 능력도 필요한 것이지. 눈에 보이지 않는 경험과 가치까지 판매하는 요즘 시대에는 잘 파는 능력이 더욱 중요해진 것 같다.

잘 팔려면 어떻게 해야 할까? 먼저 소비자가 필요로 하는 것을 읽을 줄 알아야 한다. 고객의 마음을 정확히 파악해야 알맞은 것을 만들고 적절히 제시해, 판매에 성공할 수 있기 때문이다.

그리고 대화와 협상을 잘해야 한다. 앞서 일 잘하는 사람은 소통 능력을 가진 사람이라고 했지. 잘 팔기 위해서도 원활한 소통은 꼭 필요하다. 상대의 성향과 욕구를 파악하고, 내 뜻을 효과적으로 전달해 거래를 성사시키려면 탁월한 대화 능력이 있어야 한다.

우리 매장에서 높은 매출을 올리는 직원들을 살펴보면, 소통을 잘하고 인간관계가 원만하다는 특징이 있다. 편안하게 대화를 나누면서 고객이 원하는 것을 알아내고 딱 맞는 제품을 권하니까 고객이 만족할 수밖에 없다. 이런 직원들은 갈수록 충성 고객이 많아지고, 몸값도 높아진다. 밝은 앞날이 보장되었다고도 볼 수 있지.

내 가치를 올려주는 대화의 기술

소통을 잘해서 크게 성공한 사람으로 투자의 대가 워런 버핏을 들 수 있다. 이 사람은 상대방의 의견을 경청하고 자기 의견을 간결하게 전하는 기술을 지닌 덕분에 명예와 부를 동시에 거머쥐었다. 누군가 어떻게 하면 당신처럼 성공한 부자가 될 수 있는지 그 방법을 묻자, 워런 버핏은 이렇게 답했다고 한다.

"자기 가치를 높여서 부자가 되려면 의사소통 능력부터 키워야 합니다. 글을 통해서든 직접 만나서든 대화하는 기술을 키우면, 당신의 가치가 50% 이상 높아질 수 있을 거예요."

동휘야, 너도 네 가치를 높이려면 우선 사람들의 마음을 읽고 네 뜻을 전하는 능력을 길러야 한다. 세상에서 성공하려면 혼자 열심히 노력하는 것만으로는 역부족이다. 적절한 때에 다른 사람의 도움도 받아야 하고, 네가 애써 만든 것을 남에게 잘 판매해야 원하는 꿈을 이룰 수 있기 때문이지.

그럼 어떻게 남과 소통을 잘하고 좋은 관계를 맺을 수 있을까? 내 경우에는 소통을 할 때 '진심'으로 다가갔던 것 같다. 고객이든 협력업체든 직원이든 상대방 입장에서 생각하고, 되도록 배려하려고 노력하는 편이다. 내 눈앞의 이익보다는 상대의 필요에 초점을 맞추어 일했더니, 나를 믿어주는 사람이 늘어났고 탄탄한 신뢰관계 속에서 사업을 잘 일궈낼 수 있었다.

결국 믿음이 있어야 소통도 이뤄지는 것 같다. 그 믿음은 정직한 양심에서 비롯되는 거겠지. 그러니 너도 남에게 이로운 것이 나에게도 이롭다는 사실을 늘 명심하고 남을 위해주는 태도로 일한다면, 원활한 인간관계를 맺게 되고 성공할 수 있을 거야. 남의 진심을 알아주고 네 진심을 전달할 줄 아는 멋진 인재로 성장하기를 응원할게.

취직할까,
창업할까?

리더형 또는 참모형

동휘야, 요즘 들어서 네 또래 젊은 사장들이 부쩍 많아진 것 같다. 대학교 졸업 후 취업해서 한창 회사 생활을 하고 있을 법한 이십대, 삼십대 청년들이 용기 있게 자기 사업을 펼치는 모습을 보면 대단하다는 감탄이 절로 나온다.

코로나19 때문에 더욱 심해진 취업난, 고용 불안 탓에 많은 이들이 취직보다는 창업에 눈을 돌리고 있다. 얼마 전 한국경영자총협회가 MZ세대 미취업 청년 500명을 대상으로 창업 인식을 조사했는데, 현재 창업을 준비하고 있거나 언젠가 창업할 의향이 있다고 응답한 사람이 전체 중 73%나 되었다고 한다. '취업 대신 창업'이 대세가 된 것이지.

그런데 창업을 선택한 이들은 어떻게 생활하고 있을까? 이런

저런 뉴스와 자료를 찾아보니, 많은 청년 사장들이 녹록지 않은 현실에 부딪혀 괴로워하고 있더라. 밑바닥에서부터 무언가를 이뤄야 한다는 부담감, 일과 삶의 균형인 '워라밸'의 붕괴를 감수하면서 자잘한 업무까지 혼자서 짊어지지만 정작 자기 월급은 온전히 챙기지 못하는 데서 오는 자괴감 등 갖가지 어려움을 겪는 것 같더라고.

취업과 창업의 갈림길에서 고민하는 사람에게 이런 이야기를 들려주고 싶다. 먼저 자기 자신이 리더형인지, 참모형인지 알아야 한다고 말이다. 자신의 그릇, 알맞은 자리를 알지 못하면 시간과 돈, 노력을 많이 허비할 수밖에 없거든. 그 무엇보다 자기 자신을 알아야, 제대로 된 길을 찾아서 갈 수 있다.

사람들 중에는 리더가 어울리는 사람이 있고, 참모로서 리더를 도와 어떤 일을 꾀하고 운영하는 일에 적합한 사람이 있다. 타고난 성향에 따른 거라서 쉽사리 바뀌지는 않는 것 같다. 참모형인 사람이 욕심을 내서 리더 자리에 앉으면 실패하는 경우가 많고, 리더형인 사람이 참모로 있으면 답답해서 일을 할 수가 없지.

나는 리더형 인간인 것 같다. 전체 그림을 그리고 목표를 세우고, 계획에 따라 경영하는 일을 잘하는 편이다. 내 성향에 맞는 리더 자리에서 착실하게 사업을 꾸려왔고, 지금까지 해오고 있다.

리더에게는 유능한 참모가 필요하다. 사업 초기에 내게도 그런 탁월한 참모가 있었다. 첫 안경원을 고향에서 열고 꽤 성공을 거둔 나는 당시에 목표였던 대구에 안경원 차리는 일을 친구와 함께 벌였다. 둘 다 가정 형편이 어려워서 의기투합해 열심히 했다. 나는 리더로서 사업을 구상하고 이끌었고, 친구는 현장에서 고객을 맞이하고 판매하는 참모 역할을 톡톡히 해냈지.

서로 손발이 잘 맞으니까 일이 잘 풀렸다. 3년 정도 지나니 자리도 잡히고 돈도 꽤 벌었지. 그러던 어느 날 친구가 동업을 그만두겠다고 통보하더라. 눈앞이 캄캄했다. 헤어진다는 생각은 단 한 번도 안 해봤고, 끝까지 함께 성공할 거라고 굳게 믿었던 터라 뒤통수를 크게 한 방 맞은 기분이었다.

친구는 말했다. 이제 더 이상 너하고는 동업을 못 하겠다고, 각자의 길을 가자고. 도대체 왜 그러는 거냐고 이유를 물으니 자기는 들러리 같고 나만 주인공 같다고 하면서, 자기도 주인공이 되어서 앞에서 진두지휘해보고 싶다고 하더라. 우리가 힘을 한데 모으면 앞으로 더 잘될 것이니, 다시 한 번만 생각해보라고 해도 친구는 요지부동이었다. 간절히 헤어지기를 바랐기에 나는 그 뜻에 따를 수밖에 없었다.

그 뒤로 친구는 리더가 되어, 자기 안경원을 차렸다. 처음에는 장사가 잘되고 엄청 성공했다는 소문이 여기저기서 들려오더라. 가끔 만나서 같이 술을 한잔 마실 때도 자신감에 차 있었고, 그 모습이 보기에 좋았다. 좀 서운하긴 해도 '역시 대단한 놈이네'

싶었지.

하지만 몇 년이 지나고 수상한 소문이 들리기 시작했다. 그리고 얼마 뒤 친구는 사업체를 부도 처리하고 잠적해버렸다. 나중에 부산 어딘가에서 안경원 직원으로 다시 취직해 일하고 있다는 소식을 전해 들었지만, 정확히 무엇을 하고 어떻게 지내는지 모르는 채로 세월이 흘러갔다.

그리고 어느 날 내게 문자 한 통이 왔다.

"뭐 하노? 바쁘나!"

모르는 번호여서 전화를 걸어, 누구냐고 물으니 그 친구더라. 오랜만이라 반가워하며 사는 얘기를 서로 주고받다가, 그 친구가 다시 같이 일하고 싶다는 뜻을 내비쳤다. 나는 요즘 바쁘다는 핑계를 대며 나중에 연락하기로 하고 전화를 끊었다. 그 친구와의 인연은 벌써 끝났기 때문에, 또다시 인연을 맺는 건 아닌 것 같아서였다.

전화를 끊고 한참 동안 생각해봤다. 만약 우리가 지금까지 일을 함께하고 있었다면 어떨까? 아마도 현재보다 훨씬 성공했을 것 같았다. 나는 리더로서, 친구는 참모로서 합이 잘 맞았기 때문에 사업이 더 크게 성장하고 확장되었을 거란 생각이 들었다. 함께 가지 못한 길이 아쉬워 한동안 마음이 헛헛했다.

창업을 하더라도 우선 직원부터 시작해라

나와 친구의 사례뿐 아니라, 자기 성향을 파악하지 못해 시행착오를 겪거나 큰 실패를 겪는 경우를 주위에서도 많이 본다. 너도 성공하고 싶다면, 네 성향부터 정확히 알아보길 바란다. 자기에게 맞는 일과 역할을 제대로 알고 그 길로 가야 꿈을 이룰 수 있다.

리더형은 세상의 흐름을 알고 그에 따라 사업을 움직이는 통찰력이 있어야 한다. 항상 미래를 내다보며 계획을 세워야 하고, 일이 굴러가는 전체 그림을 보며 때에 따라서 적절하게 전술을 교체할 줄도 알아야 하지. 사람들을 이끌고, 그들과 의사소통하며 자신의 뜻을 전달하는 능력도 당연히 필요하다.

그런가 하면 참모형은 숙련된 경험과 이해가 있어야 한다. 현장에서 일하며 다양한 상황에 따라 적절히 대처할 수 있는 순발력, 민첩성이 필요하다. 리더의 의중을 미리 파악하고, 리더가 지시를 내릴 때 바로바로 대응할 수 있어야 한다. 즉, 이상적인 참모는 리더의 꿈을 자신의 모든 경험과 지식을 동원해 구체적으로 실행해주는 사람이다.

이처럼 리더 또는 참모는 같은 곳을 향해 가지만, 각자 역할이 다른 사람들이다. 목표를 이루려면 무엇보다 자기에게 맞는 자리를 찾는 것이 중요하다. 자리가 뒤바뀌면, 아무리 노력해도 큰 성공을 거두기는 힘들다고 본다.

그러나 리더형이라고 하더라도, 선불리 창업에 나서는 것은 그다지 좋은 생각이 아니다. 사업체를 잘 이끌기 위해서는, 풍부한 실전 경험이 반드시 필요하기 때문이다. 그래서 나는 창업하고 싶어하는 사람들에게 늘 이런 얘기를 하곤 한다. 월급을 잘 주고 싶으면, 월급 받는 입장에도 있어보아야 한다고.

동휘야, 네가 만약 사업을 계속하고 더 확장하고 싶다면 우선 그 사업 분야에서 가장 잘한다는 사람을 찾아서 3년 정도는 그 사람 밑에서 직원으로 일해보면 어떨까. 그 분야에서 직원으로 일해보는 것이 돈을 벌면서 실전 경험과 지식을 쌓고 창업 준비를 하는 가장 좋은 방법이기 때문이다. 부디 네게 맞는 자리를 잘 찾기를, 어느 자리에서건 최선을 다해 원하던 꿈을 이룰 수 있기를 기도한다.

회사를 그만두고 싶을 때

퇴사의 조건

오늘 아침, 한 직원이 6일이나 연차 휴가를 신청했다. 서류에 결재 사인을 하고 난 다음, 그 직원에 대해서 한번 생각해봤다. 요즘 장사도 잘 안되고 곧 명절인데 휴가를 6일이나 사용한다고 하니 사장인 내 입장에서는 조금 서운하더라.

'언제까지 그 직원과 함께할 수 있을까?'에 대해 생각해봤다. 요즘은 세상이 바뀌어서 사장이 직원에게 일방적으로 그만두라고 할 수 없는 시대다. 반면에 직원은 원하는 때에 그만둘 권리가 있다. 그러니 우리가 함께할 수 있는 때라는 건 그 직원이 그만두겠다고 나서기 전까지일 테다.

내 경험과 직원들, 주위 사람들 경우에 비춰봤을 때 직장인은 대부분 입사 3개월, 6개월, 1년, 3년 무렵에 퇴사하고 싶은 갈등에 시달리는 것 같다. 그만두고 싶은 이유는 다양하다. 일이 자기에게 안 맞는 것 같아서, 인간관계로 인한 어려움 때문에, 다른 직종이나 직장으로 이직하고 싶어서, 여행을 하거나 쉬면서 재충전하고 싶어서 등등 저마다 다른 이유가 있다.

한번 그만두고 싶다는 유혹이 찾아오면, 그때부터는 하루하루가 고역일 거다. 일을 하면서 마주치는 자잘한 어려움이 전부 퇴사의 이유로 다가오겠지. 친한 친구나 동료가 다니던 직장을 그만두고 새로운 일에 도전하거나 이직해서 잘나가는 모습을 보면 갈등은 더욱 심해질 것이다.

그럴 때 결코 감정에 사로잡혀 결정을 내려서는 안 된다. 중요한 문제일수록 머리를 차갑게, 이성적이고 논리적으로 하나하나 따져봐야 한다. 지금 다니는 회사의 조건, 하고 있는 업무의 특징, 앞으로의 발전 가능성, 내 인생의 목표 등을 글로 적어보면서 깊이 생각해보길 권한다.

가장 중요하게 고려해봐야 할 것은 '이 직장에 계속 다닐 경우, 성장하고 발전할 여지가 있는가?'이다. 만약 그렇다는 결론이라면 힘들더라도 그만두지 말아야 한다. 업무 내용이나 환경, 함께 일하는 사람에 대해 만족스럽지 않더라도 자기가 배울 만한 점이 있다면 참고 다니는 게 이득이니까. 하지만 얻을 것이나 성장에 도움될 만한 것이 없다면 그만두는 게 맞다.

단, 그곳이 첫 직장이라면 앞서 말했듯 3년은 견디는 게 좋을 것 같다. 사람은 습관의 동물이지. 물길 트는 대로 물이 흐르듯이, 한번 한 행동은 되풀이되기가 쉽다. 그러니까 어렵더라도 인내심을 기른다고 생각하고 3년은 참고 일하길 바란다.

나보다 연륜 많고 성공한 사람과 의논하라

사람들은 퇴사에 대해 고민할 때 가까운 이에게 상담을 청하고 조언을 구하곤 한다. 하지만 그 상담의 대상이 잘못된 경우가 많아서 안타까울 때가 적지 않다. 문제를 해결하기 위해서 상담을 할 때는 나를 잘 알고, 경험이 풍부하며, 사회에서 어느 정도 성공한 사람과 하는 것이 좋다. 그래야 내가 보지 못하고 깨닫지 못하던 부분을 알게 되고, 자기 의견과 종합해서 보다 나은 결정을 내릴 수 있기 때문이지.

그러나 많은 사람이 가족 또는 친구와 몇 마디 나눠보고는 결론을 내려버린다. 그러고는 다음 날 아침에 출근해 "사장님, 생각해봤는데요. 이번 달까지만 하고 그만두겠습니다" 하고 통보하지. 저마다 그럴 만한 사정이 있겠지만, 느닷없이 일방적인 통보를 받으면 가슴이 갑갑해진다.

얼마 전에도 비슷한 일이 있었지. 입사한 지 1년 된 직원이 면담을 요청하더라. 대충 눈치를 챘다. 아니나 다를까, 이번 달까지만 하고 그만두겠다고 하더라고. 이유를 물어보니까 다른 직장으로 가기로 했고, 이미 출근 날짜까지 정해졌다고 했다. 그래서 누구와 상의해봤냐고 물었다. 그랬더니 친구랑 아버지와 이야기했다고, 다들 내가 알아서 원하는 대로 하면 된다고 했다더라.

그 얘기를 듣고 내가 말했다. 그만둬도 괜찮지만, 의논 대상이 잘못된 거 같다고, 친한 친구나 부모는 내 이야기에 그저 동조해주기가 쉽기 때문에 정확한 조언을 듣고 싶다면 나보다 일에 대한 식견과 연륜이 많은 사람을 찾아가야 한다고 말이지. 그런 뒤 그 직원에게 그동안 업무 성과나 태도, 앞으로의 발전 방향 등을 조목조목 설명해줬다. 긴 시간 상담을 한 직원은 결국 퇴사 결정을 번복하고 다시 일을 하기로 했다.

너도 살다 보면 어려운 결정의 순간을 마주치게 될 것이다. 그럴 때 마음 잘 맞고 친근한 사람과 상담을 하기보다는, 너보다 경험을 많이 하고 넓은 시야를 가진 사람과 이야기 나누기를 권한다. 그렇게 얻은 타인의 조언과 자신의 객관적인 생각을 한데 모아보면, 현명한 결정을 내릴 수 있을 거다.

젊었을 때 주의할 생각 중에 하나가 '지금 내 생각이 맞다'는 것이지. 세상을 살다 보면 사람이 살아가는 방식은 무수히 많다는 사실을 알게 된다. 내 생각, 내 경험, 내 방식이 전부가 아님을 늘 명심하고 살길 바란다.

어디서나 갑의 마인드로 살기

지금의 나를 만들어준 세 명의 사장

예전에 내가 '성공하고 싶으면 항상 갑의 마인드로 살아라'고 했던 말 기억 나니? 당시에는 너와 네 형이 어려서 세상 경험이 적었기에 무슨 말인지 제대로 알아듣지 못했을 거야. 하지만 이제 너희도 어느덧 어른이 되어, 온몸으로 세상을 경험하고 있으니 내가 했던 말을 조금은 이해하고 있을지도 모르겠다.

세상에는 많은 사람이 살아가고 있지만, 크게 두 부류로 나뉠 수 있다. 갑 또는 을의 마인드로 사는 사람이지. 갑의 마인드란, 한마디로 주인의식이다. 주인으로서 생각하고 판단하는 것이지. 을의 마인드란, 갑에게 종속된 종업원 의식이다. 스스로 상황을 판단해 행동하기보다는 주인이 시킨 대로 딱 그만큼만 하는 것이다.

세상을 살면서 온갖 사람들을 다 경험해보니, 갑의 자리에 있다고 전부 갑의 마인드를 가지고 있는 건 아니고 을의 위치에 있다고 전부 을의 생각으로 살아가는 것도 아니더라. 그런 사람들을 보면서 어떤 위치에서건 갑, 즉 주체적 입장에서 판단하고 살아가는 것이 중요하다는 걸 깨닫게 되었다.

나는 가난한 가정에서 태어나 몸에 장애를 지닌 채, 밑바닥 직원부터 시작해서 지금 자리에 왔다. 하지만 어떤 형편에서도 늘 주인의식을 가지고 있었다. '내 삶의 주인은 나'라는 생각을 어릴 적부터 지니고 있었기에 힘든 상황을 만나도 좌절하지 않고, 어떻게 하면 해결할 수 있을지 적극적으로 고민하고 행동에 나설 수 있었던 것 같다.

내가 안경원을 차려서 진짜 '갑'으로 살게 되기까지 내 인생에는 세 명의 사장이 존재했다.

첫 번째 사장은 내가 졸업 후 처음 고용된 안경원의 대표였지. 그 사람은 10년 정도 경력을 가지고 있었고, 나는 그에게서 일의 전반적 흐름과 고객 응대 방법을 배웠다. 또한 직원 생활이 참 어렵다는 사실과 사장으로서 해서는 안 될 것들을 배우기도 했다.

두 번째 사장은 안경 공장에서부터 꼼꼼하게 일을 배운, 장인 정신을 지닌 사람이었다. 그 사장과 함께 일하면서 성실한 태도, 세밀한 기술과 사소한 일도 완벽하게 해내려고 하는 자세를 배웠다.

세 번째 사장은 부잣집 아들이었다. 돈 많은 부모 덕분에 젊은 나이임에도 불구하고 자기 소유 건물에 안경원을 차려서 운영하고 있었다. 그 사장은 인물도 잘 생겼고, 배운 것도 많고, 무엇 하나 부족한 게 없어 보였다. 나는 그 사람이 무척 부러우면서도 '내 아까운 젊음을 이런 부잣집 아들한테 바칠 수는 없다'는 오기가 생겼다.

당시 월급이 백만 원도 채 안 되었는데, 고작 그만한 돈을 받으며 부잣집 아들의 부하 노릇을 하기는 싫다는 생각이 갈수록 강해지더라. 결국 내 안경원을 차려야겠다는 결심을 하게 되었고, 그 덕분에 지금의 내가 있게 된 것이다. 내가 진짜 갑으로 성장할 수 있도록 등 떠밀어준 셈이니, 세 번째 사장은 참 고마운 사람이지.

내 인생의 주인은 나!

그렇게 첫 안경원을 차리고 벌써 수십 년이 흘렀다. 많은 세월 동안 숱한 직원들과 함께 일하면서 늘 강조했던 것이 "주인의식을 가져라"라는 거였다. 내 경험에서 우러난 충고였지만, 거의 매일 입버릇처럼 직원들에게 그 말을 해도 좀처럼 변하지 않는 모습을 보면서 생각이 조금씩 바뀌더라. 그러면서 깨닫게 되었다. '주인이 아닌 사람에게 주인의식을 가지라고 하는 것은 무리구나' 하고 말이지.

그 사실을 안 뒤로는 그런 말을 입 밖에 내지 않는다. 대신 이렇게 말한다.

"언젠가는 여러분도 사장이 되고 싶지요? 그러면 지금부터라도 사장으로 생각하고 행동하는 연습을 해보세요. 사장이 되려면 사장의 시각에서 상상하는 습관이 필요합니다. 그렇게 하다 보면, 나중에 진짜 사장이 되었을 때 일이 한결 쉬워질 겁니다."

생각의 힘은 놀라운 것이지. 생각이 말이 되고, 현실이 되기 때문이다. 그런 측면에서 보면 생각은 미래의 씨앗인 셈이다.

사장의 시각에서 생각하고 행동하는 연습을 한 직원들은 조금씩 문제점을 깨닫고 스스로 바로잡기 시작했다. 늘 하던 대로 그때그때 임기응변식으로 고객을 대하던 직원들이 주체적으로 준비하고 노력하는 모습을 보면서 생각의 힘을 다시 한번 확인할 수 있었다.

동휘야, 너는 어떤 미래를 꿈꾸고 있니? 네가 이루고 싶은 것이 있다면, 그것을 지금부터 상상하고 연습하면 좋겠다. 바라는 것, 열망하는 것을 향해 꾸준히 나아간다면 언젠가 그곳에 이른 너 자신을 발견하게 될 거다. 그리고 거기까지 가는 모든 과정 속에서 네가 주체가 되어야 한다는 점을 잊지 마라. 누가 뭐라 해도, 어떤 상황에서도, 네 인생의 주인은 너라는 사실을 꼭 명심했으면 좋겠다.

차이가 성패를 가른다

더 잘하거나 다르게 하거나

사람들이 내게 자주 묻는 질문이 있다. 어떻게 하면 성공하느냐는 물음이다. 어려운 조건에서 지금의 자리에 오른 내가 사람들 눈에는 신기하고 놀라워 보이기에 그 비결을 묻는 거겠지. 그러면 나는 이런 답을 내놓는다. 차이를 만들라고, 남과 차별화된 점이 있어야 성공할 수 있다고.

사람들은 자꾸 남을 따라 하려고 하고 집단에 묻히려고 하는 습성이 있다. 이건 원시 시대부터 이어져 온 뿌리 깊은 본능이다. 초기 인류는 온갖 맹수와 자연재해의 위협에 그대로 노출되어 있었기에, 무리 지어 함께 행동하고 남을 따라 해야 살아남을 수 있었지.

하지만 이제는 세상이 달라졌다. 자본주의 사회로 접어들면서, 타인과 경쟁해서 이겨야 살아남는 시대가 되었다. 경쟁에서 이기려면 차이를 만들어야 한다. 남과 같이 생각하고 행동해서는 어떠한 차이나 가치를 만들 수 없고, 당연히 남보다 성공할 수도 없다.

그렇다면 어떻게 차이를 만들까?

나는 두 가지 방법이 있다고 본다. 하나는 남보다 더 잘하는 것이고, 또 하나는 남과 다르게 하는 것이다. 사람들은 대부분 평균치에서 경쟁을 한다. 중간에서 가장 치열한 경쟁을 하는 것이지. 가장 높은 자리나 가장 낮은 자리에서는 경쟁이 그다지 심하지 않다. 만약 최고의 자리에 오르고 싶다면, 중간치의 사람들이 하지 않는 방식으로 승부를 걸어야 한다. 그게 정확히 어떤 것일지는 각자가 연구하고 판단할 몫이겠지.

꾸준히 하면 탁월해진다

앞서 남과의 경쟁에서 이기려면 남보다 잘해야 한다고 했다. 그럼 어떻게 해야 남보다 뛰어날 수 있을까?

아주 간단하다. 꾸준히 하면 된다. 네가 이루고 싶은 목표는, 아마 남들도 바라는 것일 거다. 똑같이 그 목표를 이루기 위해 달려가고 있는 것이지. 많은 사람이 날마다 달려간다. 그런데 조금씩 이탈자가 생기게 마련이다. 너무 힘들어서, 안 될 것 같아서, 다른 목표가 나을 것 같아서, 수많은 사람들이 중도 이탈을 한다. 그럴 때 포기하지 않고 끝까지 달려가는 그 사람이 목표를 이룬다.

이처럼 목표 지점까지 가는 방법은 단순하다. 오늘도, 내일도 한 걸음씩 다가가는 것이지. 네가 몸을 만들어 보디빌딩 대회에 참여한 경험을 한번 떠올려봐. 치열한 훈련 끝에 너는 1등을 거머쥐고 프로카드를 얻을 수 있었지. 네 몸은 짧은 기간에 만들어지지 않았다. 일주일 동안 하루 열 시간씩 운동한다고 해도 몸은 금세 변화하지 않는다. 한 달이고 1년이고 매일같이 새벽에 운동하러 갔던 너의 꾸준함이 뛰어난 몸과 실력, 결과를 만들어 낸 거다.

사람들이 많이 하는 착각 중 하나가 성공에 지름길이 있을 거라는 생각이다. 하지만 안타깝게도 그런 건 존재하지 않는다. 목표에 이르고 싶다면 보폭이 길든 짧든 포기하지 않고, 꾸준히 나아가는 수밖에 없다.

어떤 것을 잘하고 싶다면 그것을 매일 한 시간, 또는 30분씩이라도 꾸준히 해야 한다. 그렇게 몇 년 동안 책을 읽는다면 엄청난 지식을 갖게 될 거고, 운동을 한다면 탁월한 실력을 갖추게 될 것이며, 한 분야에 실전 경험을 쌓는다면 상위 1%의 인재가 될 수 있을 것이다. 잘하는 방법은 따로 있는 게 아니고, 자기 분야에서 꾸준히 열심히 하는 것임을 잊지 않았으면 좋겠다.

나는 지금도 달려가고 있다. '대한민국 1등 안경 프렌차이즈'라는 목표를 향해서 날마다 달린다. 지금은 어림없어 보이지만, 꾸준함의 법칙에 따라 계속하다 보면 언젠가는 목표를 이룰 수 있을 거라고 믿고 고객 한 명 한 명에게 최선을 다하며 열심히 나아가고 있다.

남과 반대로 하면 승산 있다

경쟁에서 이기는 또 다른 방법은 남들과 다르게 하는 것이다. 대부분의 조직과 기업, 개인은 다른 이들과 차별화하기 위해 매일 노력하고 있고, 바로 그러한 노력이 오늘날 현대 사회를 만들어냈다고 본다.

나는 장사 비결을 묻는 후배들에게 '반대로 해라'는 말을 자주 한다. 보통 사람들이 하는 것과 반대로 하면 성공 확률이 높다는 얘기지. 그런데 이게 무슨 뜻인지 이해하지 못하는 사람들이 많은 것 같다. 풀어서 설명하자면 이렇다.

시대는 항상 어떤 주기를 두고 지속적으로 변한다. 보통은 그 변화의 흐름에 따라가지. 하지만 그 흐름에 따라가다 보면 많은 경쟁을 해야 하고 그만큼 노력의 대가는 별로 얻지 못하는 경우가 많다. 하지만 주류 흐름과 반대로 하면, 조금 시간이 걸리겠지만 변화의 주기가 다시 찾아왔을 때 남들보다 훨씬 큰 성공을 거둘 수 있다. 남들이 가는 방향이 아니라, 남들보다 한 수 앞질러서 먼저 가 있는 셈이지.

내가 장사를 하는 방식도 그와 같다. 다른 사장들이 저가형으로 나아가면 고급화 전략으로 승부를 걸고, 반대로 흐름이 고가형으로 바뀌면 가격 경쟁력이 있는 매장으로 변화를 시도한다. 이처럼 미래의 변화를 미리 내다보고, 현재 흐름과 반대로 움직이면 남들과 다른 차별점도 생기고 색다른 고객 만족을 꾀할 수 있다. 그러면 자연스레 입소문을 타고 매출도 오르게 되지.

반대로 하면 유리해진다는 원리는 장사 외의 다른 분야에도 두루 적용할 수 있다. 여럿이 함께하는 직장 생활의 경우에도 마찬가지다. 다수에 속하고 싶어하는 군중 심리 탓에, 많은 직장인이 자기 의견과 방식을 드러내길 꺼린다. 그저 무리에 파묻혀서 비슷비슷하게 행동한다.

하지만 무한 경쟁 시대에 이런 태도를 가져서는 결코 성공할 수 없다. 요즘은 특별해야 선택받을 수 있는 시대다. 그러므로 설령 왕따 소리를 듣더라도, 자기 소신과 기준을 밀어붙이고 주류의 흐름을 거스르는 용기를 가져야 한다.

늘 사회가 흘러가는 방향 너머를 주시하고, 대다수가 향하는 길과 다른 쪽을 선택해온 나는 대학교 진학을 앞두고 고민하던 네게도 뜻밖의 제안을 했지. 어릴 적부터 태권도를 배워 선수로 활약하던 네게 난데없이 중국 대학의 우슈학과로 진학할 것을 권했다. 다른 선수들처럼 태권도 학과로 진학해서는 특별함을 만들어내지 못할 것 같다는 생각이 들었기 때문이다.

너는 꽤 오랫동안 망설인 끝에 내 제안을 받아들였고, 중국 대학으로 갔다. 많은 선생님과 친구들이 놀랐고, 크게 반대하기도 했다. 하지만 그렇게 선택한 결과, 너는 다른 태권도 선수들에게는 없는 외국어 실력을 갖게 되었고 중국에서 인맥을 쌓을 수 있었다. 그리고 그 덕분에 지금의 온라인 쇼핑몰 사업을 할 수 있게 되었지. 만약 네가 남들과 같은 길을 걸었다면, 평범한 태권도 선수에 그치고 말았을 거다.

하지만 이렇게 다수와 다른 길을 선택하는 방법은 확고한 신념과 의지, 무엇보다 그 분야에 대한 노하우가 없다면 실행하기 어렵다. 그러니까 너도 많은 경험과 배움을 쌓은 뒤에, 어느 정도 세상을 내다볼 수 있는 시야가 생겼을 때 이것을 시도해보기를 권한다.

그런데 차이를 만들 때 조심해야 할 것이 있다. 많은 사람들, 특히 젊은이들이 자신의 본질, 실력의 차이를 만들기보다는 겉모습의 차이를 만드는 데 열중하는 경우가 많더라. 고급 자동차나 시계, 옷, 가방을 산다고 해서 그 자신이 고급이 되는 것은 아니지. 이렇게 겉모습의 차별화를 꾀하다 보면 갈수록 가난해질 수밖에 없다.

진짜 중요한 차이는 내면에 있음을 명심하길 바란다. 성공한 사람처럼 보이고 싶어한다고 성공할 수 있는 건 아니고, 부자처럼 보이고 싶어한다고 저절로 부자가 될 수 있는 건 아니다. 진정한 너만의 차이, 시간이 지나도 결코 변하지 않는 너만의 차별점을 소유하길 진심으로 바란다.

일

일이란?

- 일은 자기를 알고 성장하기 위해 꼭 필요한 것이다.
- 어차피 일해야 한다면 즐겁게, 행복하게 해라.

무얼 해서 먹고살까?

- 좋아하는 일을 하는 것보다 잘하는 일을 좋아하는 게 낫다.
- 여러 가지 일을 경험하면서 자기에게 맞는 일을 찾아라.

일을 잘하는 방법

- 일을 하는 이유와 목표가 뚜렷해야, 잘할 수 있다.
- 자신이 몸담은 분야에서 성공하려면 소통 능력을 키워라.

성공한 부자가 되려면

- 열심뿐 아니라 파는 능력이 중요하다.
- 네 가치를 높이려면 대화하는 기술을 익혀라.
- 좋은 관계의 기본은 '진심'이다.

취직할까, 창업할까?

- 먼저 자신이 리더형인지, 참모형인지 알아야 한다.
- 창업 전에 3년 정도 직원으로 일하며 경험을 쌓는 게 좋다.

회사를 그만두고 싶을 때

- 배울 점이 있는 회사라면 참고 다녀라.
- 정확한 조언을 원한다면, 나보다 연륜이 많은 사람을 찾아가라.
- 내 생각, 내 경험, 내 방식이 꼭 옳은 것만은 아니다.

어디서나 갑의 마인드로 살기

- 너의 삶의 주인은 바로 너다.
- 사장이 되고 싶다면 사장으로 생각하고 행동하는 연습을 해라.
- 생각은 미래의 씨앗이다.

차이가 성패를 가른다

- 경쟁에서 살아남으려면 차이를 만들어야 한다.
- 조금씩 꾸준히 하면 탁월해진다.
- 남과 다른 방식으로 했을 때 승산이 있다.

"'나 혼자만 잘하면 된다'는 식의 사고방식으로는 경쟁 사회에서 살아남기 힘들고, 큰 꿈을 이루기도 어렵다. 세상이 빠르게 변하고 있지만 절대 불변의 이치는 '사람은 혼자서 살 수 없다'는 것이다."

Chapter
03

관계

끈끈하게 서로 이어져 주고받는

나와 잘 지내는 법

내가 무너지면 모두 무너진다

우리는 하루에도 수많은 사람을 만난다. 그중에는 잠시 나를 스쳐 지나가는 사람도 있고, 특별한 관계를 맺고 자주 또는 평생 동안 함께하며 희로애락을 나누는 사람도 있다.

요즘 너는 어떤 사람들과 시간을 보내니? 아마 어릴 때보다 만나는 사람이 훨씬 다양해졌을 것이다. 전에는 가족과 학교 친구를 주로 만났다면, 이제 그 사람들뿐 아니라 함께 일하는 동료며 사업에 관련된 사람들까지 만나겠지. 그렇게 많은 사람과 만나고 헤어지면서 인생은 변화하고 새로운 곳으로 뻗어나가게 된다.

이처럼 우리가 살아가는 동안 수많은 사람을 만나지만, 가장 오랜 시간을 보내는 사람은 따로 있다. 그게 누굴까? 바로 자기 자신이다. 우리는 누구보다 자신과 시간을 가장 많이 보내지. 그러니까 내가 즐겁고 보람 있는 인생을 살려면, 자기 자신과 좋은 관계를 맺는 것이 제일 중요하다.

하지만 사람들은 대체로 이 사실을 간과하는 것 같아. 특히 인맥이 넓고 사교성 좋은 사람들이 그런 것 같다. 다른 사람에게 내가 어떻게 보일지 신경쓰고, 어떻게 하면 남의 마음을 흡족하게 해서 원만한 관계를 맺을 수 있을지 고민하며 노력하지만 정작 자기 자신에 대해서는 무지하고 무관심하다. 정말 안타까운 일이지.

우리는 저마다 '나'로서 살아간다. 내가 중심이 되어서 살 수밖에 없다. 만약 누군가 내게 세상에서 가장 소중한 것이 무엇이냐고 묻는다면, '나'라고 대답할 거야. 내 입장에서는 내가 우주의 중심이고, 나를 중심으로 우주가 움직이기 때문이지.

내가 우주의 중심이라고 생각하면, 나의 존재 자체가 대단히 소중하게 느껴진다. '천상천하 유아독존'이라는 말처럼 이 세상 하늘과 땅 사이에 나란 존재는 유일하고 최고로 중요한 사람이다. 내가 어떠한 모습이든, 무엇을 잘하든 못하든 이 사실은 변함없다.

그러니까 너도 어떤 상황에서든 네 자신이 가장 중요하다는 걸 기억해라. 네가 우주의 중심이므로, 네가 무너지면 모든 게 와르르 무너지게 된다는 걸 잊지 말고, 다른 어떤 사람보다 너 자신을 소중히 여기고 돌보아주면 좋겠다.

스스로를 믿어줘라

그렇다면 우주의 중심인 나와 어떻게 잘 지낼 수 있을까?

먼저 나를 믿어주어야 한다. 관계의 핵심은 신뢰다. 믿고 의지하는 마음이 없다면 관계가 잘 이루어지지 않겠지. 그러므로 항상 나를 믿는 마음으로 살아야 한다. 설령 뜻하던 일을 이루지 못했다고 하더라도, 지금은 때가 아니지만 언젠가 내 뜻을 펼칠 수 있을 거라고, 스스로 믿고 토닥여주어야 한다.

이러한 나를 믿는 마음, 이것을 자신감(自信感)이라고 부른다. 자신감의 중요성은 너도 익히 알고 있겠지. 얼마 전 뉴스를 보니 '수학계 노벨상'이라 불리는 필즈상을 수상한 허준이 교수도 한 강연에서 자신감의 중요성에 대해 이야기하더구나.

허 교수는 수학을 공부하기로 결심한 계기에 대해 '솔직히 잘 모르겠지만 수학을 연구하기 시작했을 때 마음이 편했다, 근거 없는 자신감을 가지는 것이 중요한 것 같다'고 말하더라. 뚜렷한 근거나 보장은 없지만 자기 자신을 믿고 도전한 결과, 수십 년간 풀리지 않은 채 남아 있던 문제를 풀었고 새로운 분야를 개척할 수 있었던 것이다.

이처럼 자기를 믿는 것은 불가능한 일도 가능하게 만드는 놀라운 힘을 지니고 있다. 하지만 자신감이 지나치면 자만심으로 변질되어, 자기 자신의 성장을 가로막고, 타인과의 관계에서도 방해 요소로 작용할 수 있기 때문에 늘 주의해야 한다.

우리가 우리 자신을 믿을 때, 그것이 자연스레 겉으로도 드러나게 마련이지. 자신 있는 표정, 당당한 태도로 나타나게 된다. 이것이 다른 사람에게 매력 있게 느껴지기도 하지만, 때로는 잘난 척하는 것으로 비춰질 수 있다. 그리고 남에게 그렇게 보일 뿐 아니라, 실제로도 자기 자신을 믿는 마음이 선을 넘어 자만심이 되는 경우가 많이 있다.

자신감이 자만심으로 변하지 않게 하려면, 무엇보다 항상 남을 배려하는 마음을 가져야 한다. 내가 소중한 만큼 다른 사람도 소중하다는 사실을 늘 기억하길 바란다. 그러면 서로를 존중하게 되고, 저마다의 좋은 점을 칭찬하며 함께 기뻐할 수 있을 것이다.

자신과 깊은 대화를 해라

나와 잘 지내게 해주는 또 다른 방법은 나 자신과 깊이 있는 대화를 자주 나누는 것이다. 우리가 다른 사람을 사귈 때에도 함께 오랜 시간을 보내면서 솔직하고 진지한 이야기를 나눴을 때 관계가 한결 편안해지고 친밀해지지. 그것과 똑같다. 나와 잘 지내기 위해서는 나와 충분한 시간을 가지고 대화해야 한다.

그 대화 방법으로 가장 좋은 것이 명상이다. 최근에 너도 명상을 시작했다지. 그 소식을 듣고 무척 반가웠다. 명상을 하면 자기 자신의 상태와 깊은 속마음을 알 수 있고 한 차원 높은 사고를 할 수 있기 때문에, 나는 사람들에게 적극적으로 명상을 추천한다.

그런데 많은 사람이 명상을 어렵게 생각하더라. 명상은 그냥 자기 자신과의 대화다. 즉, 나 아닌 나를 한 명 더 만들어 바라보면서 함께 대화하는 것이다. 나와 똑같은 친구 하나를 사귀는 것과 같지. 하나도 힘든 일이 아니다.

명상을 하면서 나 자신과 만나는 시간에는 어떤 꾸밈도 거짓도 없다. 그저 있는 그대로 나를 드러내고 발견하면서, 위로해주고 격려해주면서 함께 더 나은 나를 만들어간다. 명상을 하면서 만나는 또 다른 나야말로 더없이 좋은 친구다. 그 친구와 깊은 이야기를 나누며 소통할수록 삶이 충만해진다.

나는 이십대 후반부터 명상을 시작했고, 명상 덕분에 삶의 여러 문제들을 해결할 수 있었다. 명상이야말로 지금의 나를 있게 해준 원동력이라고 할 수 있을 것이다. 괴로울 때, 쓸쓸할 때, 불안할 때 명상 속에서 만나는 나의 친구는 내게 말했다.

"너는 잘할 수 있어."

"지금도 충분히 잘하고 있어."

"분명 해결할 방법이 있을 거야."

"괜찮아. 걱정하지 마."

그 친구의 끊임없는 칭찬과 격려 덕분에 순간순간의 고비를 넘어갈 수 있었다.

너도 명상을 꾸준히 하다 보면 영원한 내면의 단짝 친구를 사귈 수 있을 것이다. 남들은 모르는 네 진심을 알아주는 그 친구와 평생 동안 대화하며 친밀하게 사귀길 권한다. 결국 너를 진정으로 이해하고 인정해줄 사람은 바로 너 자신뿐이니까.

사소한 인연도 소중히 여겨라

인생은 관계 속에서 이루어진다

"아버지는 어릴 적부터 몸이 불편했고 집안 형편도 어려운 데다, 할아버지도 일찍 돌아가셨잖아요. 흙수저 중에 흙수저인데 어떻게 그 많은 어려움을 극복하셨어요?"

이십대 후반에 접어들면서 미래에 대한 고민이 많아진 네가 어느 날 의구심이 가득한 표정으로 내게 물었지. 질문을 받고 지난날을 되돌아봤다. 정말 답이 없는 상황이더라. 그 시절로 돌아가서 다시 살아보라고 하면 그때처럼 살 자신이 없다.

암담하고 막막하기만 하던, 실낱같은 희망도 보이지 않던 내가 어떻게 숱한 어려움을 극복하고 지금까지 올 수 있었을까? 나는 이 물음에 '주위 사람들 덕분'이라고 답하고 싶다.

50년 동안 살면서 참으로 많은 사람이 내 곁을 스쳐 지나갔다. 그 사람들을 하나하나 다 기억할 수는 없다. 하지만 내가 힘들 때에 늘 옆에서 나를 도와주고 챙겨준 사람들이 있었다는 건 확실하다. 그 고마운 사람들 덕분에 지금의 내가 있다고 생각한다.

결국 인생은 주위 사람들과의 관계로 형성되는 것 같다. 흔히들 사람이 태어나서 죽을 때까지 만나는 인연을 혈연, 지연, 학연, 사연, 이 네 가지로 구분하지. 가정과 지역, 학교, 사회에서 수많은 사람을 만나고 헤어지면서, 영향을 주고받으면서 인생이 만들어지는 것이다. 인생의 핵심이 인간관계에 있기에, 좋은 삶을 살고 성공하고 싶다면 무엇보다 관계를 잘 맺어야 한다.

돈 없어도 사람이 있으면 일어설 수 있다

내가 여태껏 만난 인연을 살펴보면 혈연, 지연에는 그다지 특별한 점이 없다. 하지만 학교에 들어가 학연을 만나면서부터 도움을 많이 받았지. 나는 중학생 때부터 자전거를 타고 통학했는데, 졸업 후 고등학교에 입학하려고 보니 내가 지내야 하는 기숙사가 산 중턱에 있더라고. 절대 혼자 힘으로는 다닐 수 없는 길이었지. 그런데 친구들이 내 가방을 들어준 덕분에 무사히 고등학교 생활을 마치고 졸업할 수 있었다. 주위의 따가운 시선에도 굴하지 않고 선한 마음으로 가방을 들어준 친구들에게 지금도 고마움을 느끼고 있다.

대학교 졸업 후 사회에 나와서도 많은 사람들의 도움을 받았지. 어쩌면 몸이 불편했기 때문에 여러 사람의 도움을 받을 수밖에 없었고, 그 과정에서 인간관계의 소중함을 일찌감치 깨달았던 것 같아. 인생에서 주위 사람의 역할이 얼마나 큰지 알고 중요하게 여겼기 때문에 나름대로 성공할 수 있지 않았을까 싶기도 하다.

네가 알다시피, 나는 아무것도 가진 게 없었다. 그런 내가 어떻게 안경원을 차리고, 지금은 전국 106개 프랜차이즈 가맹점을 운영하며 연 매출 100억 원을 벌어들이는 사업가가 될 수 있었을까? 그 비결은 인간관계에 있다. 만나는 사람 한 명 한 명을 소중하게 여기고 정성껏 대접하며 신뢰를 쌓은 덕분에 여러 사람에게 인정과 도움을 받을 수 있었다.

안경원에 취직해 직원으로 일하던 때가 생각난다. 대학교 동기들은 하나둘 안경원을 차려서 사장이 되는데, 나는 '언제쯤 내 안경원을 열 수 있을까' 하고 날마다 생각할 뿐이었지. 아무리 고민해도 나에게서는 답을 찾을 수 없어서 주위에서 도움받을 수 있는 방법을 찾아보았다. 그랬더니 영업사원이 딱 떠오르더라. 물건을 위탁받으려면 그 사람들의 역할이 매우 중요했기 때문에, 그때부터 그 사람들과 좋은 관계를 맺는 데 최선을 다했다.

그 사람들이 안경원에 올 때마다 늘 성실하게 일하는 모습을 보여주고, 따뜻한 말 한마디와 함께 마실 것을 대접하며 교류했지. 꾸준히 신뢰 관계를 이어갔고, 마침내 내가 첫 매장을 열었을 때 엄청 큰 도움을 받았다. 그 사람들이 무료로 물건을 공급해주었거든. 이때 무료는 공짜가 아니고 위탁의 개념이다. 즉, 돈은 나중에 벌어서 갚으라는 것이지. 근데 이것만 해도 얼마나 고마운 일이냐. 나의 됨됨이를 믿고 도와준 그 사람들이 아니었다면 아마도 매장을 열 수 없었을 거야.

이들 말고 또 내게 큰 도움을 준 사람이 있었는데, 바로 은행 직원이다. 나는 어릴 때부터 큰일을 해보고 싶었고 성공하고 싶었다. 하지만 돈이 없어서 늘 고민이었지. 그런데 어느 날 은행 직원이 안경을 맞추러 왔다. 나는 중요한 인연이 될 수 있음을 직감하고, 성심껏 안경을 맞춰주고 불편한 점을 해결해줬지. 그때부터 인연이 이어져, 꾸준히 관계를 맺어갔다. 그리고 결국 당좌 수표 담당이던 그 사람 덕분에 수표 발행을 할 수 있게 되어, 사업을 크게 확장할 수 있었지.

이처럼 돈이 없어도 나를 도와줄 사람들이 있으면 어려움을 딛고 일어설 수 있다. 물론 관계는 쌍방향이니까, 나 또한 상대에게 도움을 주어야 한다. 그렇게 서로 유익을 끼치면서 함께 성장해가는 것이 좋은 관계라고 볼 수 있지.

옷깃만 스쳐도 소중한 인연

많은 사람이 성공하고 돈을 많이 벌면, 자기가 잘한 덕분이라 착각한다. 하지만 성공은 결코 혼자서 잘한다고 되는 게 아니다. 내 경우에서 보듯이, 수많은 인연의 도움이 모여야 비로소 꿈을 이룰 수 있다. 최선을 다해 실력을 쌓는 것도 중요하지만, 거기에 주위 사람들의 도움이 보태져야 성공할 수 있음을 네가 꼭 기억하길 바란다.

사람 사이의 인연에 대해 잘 표현한 시가 있지. 신희상의 〈인연을 살릴 줄 알아야한다〉이다. 시에 이런 구절이 있다.

어리석은 사람은 인연을 만나도
인연인 줄 알지 못하고

보통 사람은 인연인 줄 알아도
그것을 살리지 못하며

현명한 사람은 옷자락만 스쳐도
인연을 살릴 줄 안다.

옷자락만 스쳐도 인연을 살려낸다니, 무슨 뜻일까. 아마 만나는 사람 한 명 한 명을 모두 소중하게 대하며, 의미 있는 관계로 발전시킨다는 얘기겠지.

그런데 요즘 내 매장에서 일하는 직원들이나 주위 청년들을 보면 관계 맺는 일을 소홀히 여기는 것 같아 안타깝다. 나 혼자만 잘하면 된다는 식의 사고방식으로는 경쟁 사회에서 살아남기 힘들고, 큰 꿈을 이루기도 어렵다. 세상이 빠르게 변하고 있지만 절대 불변의 이치는 '사람은 혼자서 살 수 없다'는 것이다.

많은 직원이 나와의 인연을 살려내지 못하고 그저 스쳐 지나가버렸지만, 드물게 인연을 잘 살려낸 직원도 있다. 얼마 전 우리가 함께 찾아갔던 청주의 안경원 기억나니? 거기서 내 매장의 직원이었다가 사장이 된 친구를 만났지. 그 친구는 대전 출신인데 일을 배우려고 대구로 나를 찾아왔었다. 그 후 5년 동안 정말 열심히 일해줬지.

내가 보기에 사장이 될 자격이 충분하다고 여겨져서, 다른 곳에 이직하지 말고 안경원을 차리라고 권했다. 그리고 그 친구가 안경원을 운영할 수 있도록 처음부터 끝까지 도와줬다. 연고 없는 타지에 와서 성실하게 일한 대가였지.

나와 함께 일하며 맺은 5년의 인연으로 그 친구는 빨리 사장이 되었다. 요즘도 가끔 연락해서 고맙다고, 대표님 아니었으면 죽었다가 깨어나서도 이런 안경원을 가질 수 없었을 거라고 인사를 한다. 그러면 나는 모든 게 네 복이라고, 초심 잃지 말고 열심히 하라고 하지. 그런 연락을 받으면 나도 기분 좋고 세상 살아가는 재미도 있다. 내 직원이 나가서 자리 잡고 성장하는 모습을 보면 대견하고 자랑스럽다.

이처럼 인연은 소중한 것이다. 그러니 너도 세상을 살아갈 때 무엇보다 사람과의 인연을 귀하게 여기길 바란다. 스쳐 지나가는 사소하고 작은 인연도 깊은 관계로 살려내어, 서로 도움을 주고받을 수 있는 현명한 사람으로 성장했으면 참 좋겠다.

주는 것이 받는 것이다

씨를 뿌려야 열매를 거둘 수 있듯이

얼마 전에 명절이 있었지. 그때 내가 받은 선물들을 네가 차에서 내리면서 놀란 표정으로 물었던 게 생각난다. 이 많은 선물이 어디에서 온 거냐고, 누가 다 보내는 거냐고 물었지. 당시에는 거래처에서 들어오는 거라고 짧게 답하고 말았는데, 실은 거래처뿐 아니라 프랜차이즈 사장들, 후배들, 친구들을 비롯해 다양한 사람들이 보내온 선물들이었다.

물론 나도 그 사람들에게 선물을 보냈지. 명절 때마다 많은 사람들에게 이런저런 선물을 보내는 일이 내게는 당연하고도 중요한 일이야. 앞서 얘기했듯이 사람들과의 관계를 소중히 여기기 때문이다. 많은 사람들과 좋은 관계를 이어가려면, 꾸준히 소식을 주고받아야 하는데 명절이야말로 그러기에 딱 좋은 기회잖아.

그래서 명절이 다가오면 슬슬 주위 사람들에게 전화와 문자를 통해 안부를 묻고, 선물을 보낸다. 선물이라고 뭔가 거창한 건 아니다. 그저 내 마음을 표현할 수 있는 소박한 선물을 보내지. 이렇게 서로 선물을 주고받으며 정을 느끼는 것이 세상을 사는 맛이라고 생각한다.

아쉽게도 요즘 들어서 이런 문화가 점차 사라져가는 것 같다. 아마도 많은 사람이 각자 삶을 살아가기에도 바쁘고 벅차서 가까운 인연들을 챙기지 못하는 거겠지. 하지만 여태껏 살아온 내 경험에 비추어보면 인생은 주고받으면서 풍성해지더라고. 그러니 사는 게 바쁘고 팍팍할 때야말로 주위 사람들을 챙기고 돌보아야 하는 것이지. 내가 먼저 주면 그만큼 돌아오고 채워지게 마련이니까.

내가 이런 얘기를 하면 많은 사람이 납득하지 못한 표정을 짓더라. 상대가 받기만 하고 주지 않으면 어떻게 하느냐는 것이지. 하지만 동휘야, 인간에게는 상호성이라는 것이 내재되어 있거든. 누군가에게서 무언가를 받으면 나도 그에게 무엇이라도 줘야 한다는 생각을 하게 된다. 즉, A가 B에게 호의를 베풀면 B도 A에게 호의를 베풀게 되어 있다는 것이다. 물론 받기만 하고 절대 주지 않는 사람도 있기는 하다. 하지만 이런 사람은 의외로 많지 않다. 사람들은 대부분 받은 만큼, 아니 그보다 더 돌려주려고 하는 습성을 지니고 있다.

그러므로 삶이 풍성해지길 바란다면, 적극적으로 주는 사람이 되어야 한다. 주면 받게 되어 있다는 건 자연을 보아도 알 수 있지. 씨를 뿌려야 열매를 거둘 수 있다. 그리고 씨를 많이 뿌리면 많은 열매를 거두게 되지. 이 이치는 인간관계에도 똑같이 적용된다. 먼저 줘야 받을 수 있고, 많이 주면 많이 받는다.

잘 주는 방법

그런데 주는 것에도 지혜가 필요하다. 그저 무턱대고 아무거나 줘서는 안 되는 것이지. 잘 주려면 어떻게 해야 할까?

먼저 상대에게 무엇이 필요할지 생각해보아야 한다. 그 사람의 취향, 상황에 알맞은 선물이 무엇일까 고민하는 시간이 필요하다. 그런 과정을 거쳐서 건넨 선물에는 자연스레 그 사람에 대한 관심과 애정이 담기게 되어 있다. 그리고 그 마음은 고스란히 받는 사람에게 전해져 기쁨이 더욱 커지게 될 것이다.

그리고 또 한가지 중요한 건 서로에게 유익을 주는 상생 관계에서 주고받음이 이뤄져야 한다는 점이다. 그저 일방적으로 상대에게 이득을 얻기 위해 주는 건 하지 말아야 한다는 뜻이지. 뇌물이 아닌 선물이 되려면 상대를 위하는 순수한 마음이 바탕에 깔려 있어야 한다. 그러지 않으면 선물이 오히려 관계를 해치는 독으로 변질될 것이다.

안경 일을 하면서 온갖 사람들을 만났다. 그러면서 삶의 기술을 깨우쳤던 것 같다. 특히 장사 수완이 좋은 사람들을 관찰하면서, 잘 주고받는 방법을 배울 수 있었다. 그리고 그 요령을 오랫동안 장사에 적용하면서 실천하고 직원들에게도 가르쳐왔다.

내가 사용하는 방법은 단순하다. 고객의 요구를 들어주는 대신에 주위에 입소문을 내달라고 부탁하는 거지. 나는 고객이 왔을 때 먼저 어떤 점을 불편해하는지, 무엇을 원하는지 요구 사항을 경청하며 파악한다. 만약 안경을 저렴하게 사고 싶어한다면, 고객이 제시하는 가격을 물어보고 되도록 그 값에 판매한다. 대신에 내 조건을 제시하지. 다른 사람들에게 우리 매장을 널리 소개해달라고 말이야.

이렇게 하면 고객은 원하는 값에 안경을 구매할 수 있어 좋고, 나는 새로운 고객을 유치할 수 있으니 좋다. 이게 바로 서로에게 유익이 되는 거래인 거지. 이렇게 해서 실제로 입소문이 많이 났고, 덕분에 별다른 광고 없이 큰 매출을 달성할 수 있었다.

이것은 장사뿐 아니라, 모든 관계에서 통한다. 잘 주고받는 요령을 터득하면 좋은 관계를 맺을 수 있고, 많은 것을 돌려받을 수 있게 된다. 너도 지금부터라도 작은 선물에 마음을 담아 사람들에게 표현하는 습관을 가져보면 어떨까. 특히 너보다 나이가 많은 어른들에게 꾸준히 안부인사를 건네고 선물을 한다면, 큰 혜택을 받게 될 거야. 이러한 것이 내가 너와 네 형에게 물려주고 싶은 삶의 귀중한 지혜다.

꿈에도 투자가 필요하다

사람은 저마다 원하는 것이 있다. 스스로 노력해서 얻을 수 있는 것도 있고, 반드시 다른 사람을 통해야만 손에 넣을 수 있는 것도 있다. 만약 내가 간절히 바라는 것이 다른 사람에게 속해 있다면, 어떻게 해야 할까? 그 사람의 마음을 사로잡아서 그가 내게 그것을 주도록 이끌어내야 하겠지. 물론 쉬운 일은 아니다. 하지만 나의 목표를 이루기 위해 꼭 필요한 거라면 도전해볼 만한 일이다.

무언가를 얻기 위해 먼저 씨 뿌리듯이 주는 것을 '투자'라고 부른다. 꿈을 이루기 위해서는 반드시 투자를 해야 한다. 내 꿈을 이루는 데 도움을 줄 만한 사람에게 시간과 돈을 들이는 것 또한 투자에 속하지. 나의 목표가 윤리에 어긋나지 않고 투자의 방식 또한 나쁘지 않다면, 좋은 결과를 얻게 될 것이다.

내 이야기를 들려주자면, 20년 전쯤에 고급 장사를 해보고 싶다는 생각이 들었다. 그러려면 명품 브랜드 회사와 거래해야 하는데, 그런 회사는 시내의 큰 매장에만 물건을 공급한다더라고. 나처럼 변두리에서 매장을 운영하는 사람은 물건을 손에 넣을 수 있는 방법이 없었다.

그래서 나는 시내 중심가에서 매장을 운영하는 선배 사장들에게 부탁하기로 마음먹었다. 그 사장들은 명품 브랜드 회사와 이미 거래를 하고 있었으니까, 그 사장들을 통하면 내게도 기회가 주어지리라고 믿었지. 그런데 문제는 그 사장들과 친분이 전혀 없었다는 거다. 어떻게 하면 관계를 맺을 수 있을까 방법을 찾던 중에 그 사장들을 소개해줄 수 있는 지인을 발견했다.

즉시 그 지인에게 연락해서 밥을 사 주면서 부탁했다. 그리고 그 사람이 다리 역할을 해주어서 시내의 사장들과 친분을 쌓을 수 있었고, 그 결과 마침내 명품 브랜드 제품을 가게에 들여올 수 있었다. 목표를 이루기까지 많은 시간과 돈, 노력이 투자되었지만, 그로 인해 꿈꾸던 고급 장사를 할 수 있었고 오늘날의 성공을 거둘 수 있었기에 결코 아깝다고 생각하지 않는다.

이처럼 무언가를 얻기 위해서는 투자를 먼저 해야 한다. 지금은 손해 보는 것 같더라도 꾸준히 투자하면, 얼마 안 가서 반드시 되돌아온다는 것을 명심하고 살아가면 좋겠다. 네 주위 사람들과 주고받는 기쁨을 누리면서 소중한 인연을 만들어가기를, 적재적소의 올바른 투자를 통해 꿈을 이루고 키워가기를 바란다.

영원한 관계는 없다

모든 만남에는 헤어짐이 있다

우리는 아침에 눈을 뜨고 하루를 시작해서 밤에 다시 자리에 누워 눈을 감기까지 정말 많은 사람과 만난다. 순간 스쳐 지나가는 사람도 있고, 잠깐 멈춰서 인사를 주고받는 사람도 있고, 오랫동안 함께 일하는 사람도 있다.

너도 요즘 사람들과 만나는 일이 잦아지는 것 같더라. 사업을 시작했으니 앞으로 더욱 많은 사람을 만나게 되겠지. 여러 차례 강조했지만, 사람은 혼자서는 아무것도 할 수 없다. 주위 사람들과 좋은 관계를 맺고 서로 도와줘야, 원하는 꿈을 이루고 행복한 삶을 가꾸어갈 수 있다. 성공의 핵심은 인간관계에 있다고 해도 과언이 아니다.

사회 생활을 하다 보면, 유난히 마음이 잘 맞고 통하는 사람을 만나게 된다. 자연스레 자주 만나게 되고, 그러다 보면 함께 무언가를 시작하기도 하지. 그것은 정기 모임, 동호회 같은 것일 수도 있고 동업이 될 수도 있을 것이다.

네가 좋아하는 사람과 어떤 일을 함께하든, 꼭 명심해야 할 것이 있다. '회자정리(會者定離)', 즉 만나면 언젠가는 헤어지게 되어 있다는 사실이다. 수많은 만남이 있다면, 그만큼 많은 이별도 있다. 나와 너 또한 어느 순간에는 헤어지겠지. 세상의 인연은 영원하지 않으니까. 네가 태어난 순간부터 지금까지 모든 순간이 내게는 애틋하고 생생한데, 어느 날 헤어지게 될 것을 생각하니 벌써부터 마음 깊은 곳이 저며온다.

하지만 어쩔 도리가 없는 일, 받아들이는 수밖에 없겠지. 현명한 사람은 만나고 관계를 맺는 일에도 최선을 다하지만, 헤어짐 또한 미리 알고 아름답게 할 수 있도록 대비할 줄 아는 것 같다. 그러니까 우리도 마음을 다해 준비해보자. 나중에 잘 헤어질 수 있도록 모든 만남의 순간을 소중히 여기면서 최선을 다해 잘해주고 아껴주자. 그래야 떠날 때 미련이 없을 테니까.

동업에 유효기간을 정해라

모든 만남에 이별이 존재하듯, 어떤 모임이나 동업에도 헤어짐이 있다. 특히 동업이란 건 돈과 사람이 얽혀 있는 문제라, 헤어질 때

문제가 없도록 미리 꼼꼼히 챙겨야 한다. 좋은 마음으로 시작한 일이 나쁜 결말을 맞이하지 않도록 하려면 관계를 매듭 짓는 일을 적극적으로 준비하고 사전에 합의해둘 필요가 있다.

그런데 정말 많은 사람이 이런 것을 간과하더라. 동업을 준비하거나 지금 하고 있는 사람들에게 물어보면 십중팔구 헤어짐 자체를 생각해본 적이 없다고 하더라고. 그 관계가 마냥 영원할 것처럼 말이지. 하지만 그렇게 생각한다면 큰 오산이다. 인생은 변화무쌍해서 언제 어떤 일이 일어날지 모른다. 그러므로 더 이상 함께하지 못할 경우를 대비해, 가능한 여러 상황을 예측해보고 그럴 때에 어떻게 하면 좋을지 다각도로 의논해야 한다.

가끔 후배들이 동업에 대한 조언을 구할 때, 내가 자주 얘기하는 것이 있다. 바로 동업에 유효기간을 정하라는 것이다. 느닷없이 등 떠밀리듯이 관계를 정리하기보다는, 명확한 완료 시점과 조건 등을 못 박아놓고 일을 시작하는 것이 훨씬 낫기 때문이지. 그러면 일하는 동안에도 언젠가 있을 홀로서기를 준비할 수 있고, 서로 아름다운 이별을 할 수 있게 된다.

내가 젊었을 적에는 이런 충고를 해주는 사람이 아무도 없었다. 그래서 스물일곱 살에 친구와 동업을 시작하면서 '영원히 함께하겠다'며 서로의 아버지 무덤 앞에서 절까지 하면서 굳게 약속했다. 지금 되돌아보면 참 순진하고 어리석었구나 싶지만, 당시에는 진심이었고 결연했다.

동업 얘기를 들은 어머니는 나를 말리더라. 잘못하면 돈도 잃고 사람도 잃는다고 말이지. 하지만 이미 내 마음은 굳어져서, 어머니 말이 귀에 들어오지도 않았다. 그 친구랑 헤어질 수 있다는 건 꿈에도 생각하지 않았고, 끝까지 함께해서 성공하겠다는 마음뿐이었다.

그렇게 동업을 시작해, 죽기로 열심히 일했지. 3년 정도 쉬는 날도 없이 일했더니 어느 정도 안정되고 매장을 하나 더 열 수 있는 여건도 되었다. 그렇게 새 매장을 연 지 석 달쯤 지났을 때 친구가 동업을 그만두겠다고 통보해왔다. 말 그대로 하늘이 무너지는 것 같은 충격을 받았지. 그제야 어머니가 해준 얘기가 스쳐 지나가면서 '아! 이래서 그러셨구나' 하는 깨달음이 왔다. 어머니 시대에나 내 시대에나 세상의 이치는 별반 다르지 않음을 뒤늦게 알았다.

그 일 이후, 나는 동업을 하지 않는다. 하지만 동업 자체는 나쁘지 않다고 생각한다. 가진 게 별로 없는 초보자들이 능력을 키울 수 있는 좋은 방편이라고 본다. 숫자로 보면 1+1은 2이지만, 사람 한 명과 한 명이 만나면 두 사람 이상의 역량이 나온다. 그러니까 동업을 하면 혼자 했을 때보다 빠르게, 수월하게 성장할 수 있다.

동휘야, 너도 마음 맞는 사람을 만나서 동업을 하게 된다면 꼭 기억해라. 영원한 동업은 없다는 사실을. 일을 함께 시작하기에 앞서 미리 유효기간을 정하고 서로 조건도 합의해두면 좋겠다.

내 생각에 동업 기간은 5년 정도가 알맞은 것 같다. 그 기간이 얼마가 되든지 완료 시점을 정해놓고, 그때까지는 최선을 다해 서로 부족한 점을 채워주며 열심히 일해라. 그렇게 하면 시작도 과정도 끝맺음도 아름다운 동업이 될 수 있을 것이다.

난처한 부탁을 받았을 때

관계를 잘 맺어둬야 부탁도 할 수 있다

오늘 오전에 거래처 사장과 면담을 했다. 친분이 꽤 두터운 사장인데, 대화 중에 내게 부탁을 하더라. 어떤 업체에서 나를 꼭 한번 만나고 싶어한다면서 시간을 내달라는 거다. 느닷없는 청탁에 뭐라고 대꾸해야 할지 난감했다. 나는 본디 남의 부탁을 좀처럼 거절하지 못하는 성격이거든. 하지만 나이가 들고 연륜이 쌓여서 이제는 부드럽게 거절하는 기술도 좀 익히게 되었다.

너도 사회 생활을 하다 보면, 이런 부탁을 받을 때가 있을 것이다. 여러 사람과 교류하면서 서로 도와가며 사는 것이 인생이지. 내가 도울 수 있는 거라면 당연히 도와줘야 하겠지만, 문제는 도울 수 없는 걸 도와달라고 부탁할 때다. 참으로 난처한 상황이지. 그저 솔직하게 못한다고 얘기해도 괜찮을 때가 있지만, 그럴 수 없는 경우가 대부분이다.

어떻게 상대의 마음을 상하게 하지 않으면서 거절할 수 있을까? 그리고 반대로 내가 어려운 일이 생겨서 남에게 부탁해야 할 때, 어떻게 지혜롭게 부탁할 수 있을까? 부탁을 잘하고, 거절하는 방법만 알아도 인간관계가 훨씬 수월해질 것이다.

먼저 내가 부탁을 해야 하는 입장일 때, 어떻게 하면 될지 살펴보자. 세상에서 살면서 남에게 부탁하지 않는 사람은 아무도 없을 것이다. 혼자서 모든 걸 감당할 수는 없기 때문에 반드시 누군가에게 부탁해야 하는 상황이 찾아오게 되어 있다. 부탁을 하려면, 우선 그 상대와 친밀한 관계 형성이 되어 있어야 한다. 평소 주위 사람들과 원만한 관계를 맺어두는 것이 부탁을 잘할 수 있는 전제조건인 것이지.

생전 연락 한번 없다가, 어느 날 갑자기 전화를 걸어와서는 부탁을 하는 사람들이 있다. 그런 사람들은 자기 입장과 상황을 구구절절 설명하면서 도와달라고 요청한다. 하지만 이런 사람의 요구를 들어주고 싶을까? 아마 사람들 대부분은 불쾌하게 여기고, 거절할 것이다.

그러므로 내가 언제 어디서 누구에게 부탁하게 될지 모른다는 사실을 늘 기억하고, 평상시 모든 사람을 소중히 여기면서 꾸준히 관계를 유지해야 한다. 그리고 네가 부탁을 할 수 있으려면, 너도 부탁을 받아줘야 한다는 사실도 명심해라. 서로 도움을 주고받으며 인생을 만들어가는 것임을 잊지 않았으면 좋겠다.

가능한 부탁은 흔쾌히 들어줘라

자, 이제 부탁을 받았을 때 어떻게 대처해야 할지 알아보자. 맨 먼저 생각해볼 것이 '과연 내가 감당할 수 있는 부탁인가' 하는 것이다. 이 점을 신중하게 고려한 뒤에, 내가 도울 수 있을 만한 범위에 속한 일이라면 흔쾌히 부탁을 들어주는 것이 좋다.

이때 '흔쾌히'가 중요하다. 사람들 가운데 남한테 해줄 걸 다 해주면서도 인정받지 못하고 오히려 욕을 먹는 사람들이 있지. 이런 사람들 특징은 부탁을 기분 좋게 들어줄 줄 모른다는 점이다. 질질 끌면서 확답을 늦추고 애간장을 태운다. 이러면 부탁한 사람이 화가 난다. 필요하니까 내색은 못하더라도 속이 부글부글 끓어오르겠지. 그리고 아마 목적을 이룬 뒤에는 다시 연락을 하지 않을 것이다. 그러면 부탁을 들어주고도 소중한 인연을 잃어버리는 어리석은 결과를 맞이하게 된다.

그러니까 들어줄 수 있는 부탁은 기분 좋게 들어줘라. 대신에 번복하면 마음이 더 상할 수 있으므로, 답을 하기 전에 충분히 고민하는 시간을 가지는 것이 좋다.

부탁 중에 가장 흔한 것이 돈 부탁이다. 제일 흔하면서 난처한 부탁이기도 하다. 얼마 전에 나도 돈 부탁을 받고 많은 생각을 했다. 이 일을 겪으면서 부탁에 대해 다시 한번 깊이 생각해보는 계기가 되었다.

내게 돈을 빌려달라고 부탁해온 건 고등학교 친구였다. 학교에 다닐 때 내 가방을 들어주던 착한 친구지. 중국에서 농산물을 수입해 학교에 납품하는 사업을 하는데, 코로나 때문에 형편이 어려워졌다면서 내게 3천만 원만 빌려달라고 부탁하더라.

당시에 나도 자금 사정이 좋지 않아서, 고심 끝에 지금은 빌려줄 수 없다고 답했다. 친구는 알았다는 말과 함께 전화를 끊었지. 그 목소리에 있으면서 빌려주지 않는다는 원망의 뜻이 담겨 있는 것 같았다. 마음이 개운치 않았지만, 내가 알기로 그 친구는 부잣집 아들이었기 때문에 나 말고도 다른 데서 도움을 얻을 수 있으리라고 생각하고 잊어버렸지.

그런데 한 달이 지나고 다시 그 친구에게서 전화가 왔다.

"재환아! 웬만하면 연락 안 하려고 했는데, 직원들 월급이 모자라서 어쩔 수 없이 또 전화했다. 1천만 원만 빌려주면 안 되겠나?"

그 부탁에 나는 또 버릇처럼 나도 여유가 없다고, 안 된다고 하면서 거절했다. 전화를 끊고 난 뒤에 가만히 생각해보니, 학교 다닐 때 큰 도움을 준 친구에게 내가 너무 냉정한 것 같더라. 거듭 연락한 것을 보면 나 말고는 딱히 도움을 청할 사람이 없는 것 같기도 했고.

나도 힘든 건 마찬가지였지만, 그 정도 돈을 줄 만한 여유는 있었기에 친구에게 다시 전화를 걸었다.

"친구야, 미안하다. 예전에 네가 나를 많이 도와줬는데, 그걸 잠시 잊어버렸던 것 같아. 나도 형편이 좋지 않지만 네가 나보다 더 힘든 것 같으니, 부탁한 돈을 바로 송금해줄게. 그 돈은 안 갚아도 된다. 네가 나에게 해준 것에 비하면 아무것도 아니다. 단, 돈 관계는 이것으로 그만하고 친구 사이로 잘 지내자."

돈을 보내고 난 뒤에 곧장 친구에게서 고맙다는 문자가 왔다. 나도 힘내라는 답장을 보낸 뒤에, 마음의 빚이 어느 정도 없어진 듯한 후련한 기분이 되었다.

들어줄 수 없는 부탁은 명분과 예의를 갖추어 거절해라

이처럼 돈 부탁을 받으면 참 난처하다. 나는 한 번 거절한 뒤에 결국 부탁을 들어줬지만, 절대로 들어줄 수 없는 부탁을 하는 경우도 심심찮게 만나게 된다. 그럴 때에는 어떻게 하면 좋을까?

먼저 명분 있는 거절을 하는 게 중요하다. 누가 들어도 이해가 될 만한 명분을 찾아라. 학생이나 사회 초년생이 돈 부탁을 받았을 경우에는, 부모님이 돈 관리를 하고 있어서 여유 자금이 없다는 이유를 내세울 수 있겠지. 돈이 아닌 다른 부탁의 경우에도, 속해 있는 가정의 구성원이나 회사의 규칙 같은 걸 이유로 들 수 있을 것이다. 아무튼 상대가 납득할 수 있는 이유를 내세워, 예의를 갖추어 정중하게 거절해야 한다.

한가지 더 알아둘 것은 부탁을 받은 자리에서 당장 거절을 하면 안 된다는 점이다. 그렇게 딱 잘라 거절하면 상대가 큰 상처를 입을 수 있다. 그러니까 거절을 할 때에는 생각해보고 답을 주겠다고 하면서 약간의 시간을 가져야 한다.

나는 고객과의 관계에서도 이 점을 늘 염두에 둔다. 고객이 클레임을 걸거나 지나친 요구를 해왔을 때 바로 통보하듯 답하지 않고 '알아보겠다'던가 '공장에 문의한 뒤에 연락드리겠다'고 말하면서 우선 시간 여유를 확보한다. 그리고 얼마 뒤에 전화로 상황을 설명하면 고객들은 대부분 이해하고 내가 제안하는 다른 방법을 받아들인다. 간혹 끝까지 자기 입장만 밀어붙이는 고객도 있는데, 그런 고객과는 관계를 끊고 새로운 고객과의 관계에 집중하는 편이 낫다고 본다.

끝으로 되도록 무리한 부탁을 받지 않도록 하려면 어떻게 해야 하는지 알려줄게. 많은 사람이 다른 사람에게 자기 본 모습보다 더 잘난 사람인 것처럼 보이고 싶어하는 경향이 있다. 이렇게 자기를 과대 포장하면 주위 사람들은 착각하게 되지. '아, 저 친구는 대단하구나! 저 사람에게 부탁하면 무엇이든 들어줄 수 있을 것 같다'고 생각하게 된다.

그러니까 동휘야, 사람들을 만날 때 항상 솔직함과 겸손함을 가져라. 남에게 필요 이상으로 잘 보이려고 애쓰다가 곤란한 부탁을 받지 않도록 주의했으면 좋겠다. 겸손한 사람의 거절은 진정성 있게 받아들여지지. 늘 진실된 자세로 열심히 살고, 주위 사람들과 인연을 소중히 여기며, 기쁘게 도와주기도 하고 도움을 받기도 하는 멋진 어른이 되길 응원할게.

싫은 사람과 계속 만나야 할 때

참으라고 해도 참아지지 않는다

장사를 시작한 지 30년쯤 되고 보니, 부쩍 기운도 달리고 체력이 전과 같지 않음을 실감하게 된다. 젊었을 때처럼 사업에 모든 에너지를 쏟아붓기에는 무리가 있어서, 이제는 좀 쉬엄쉬엄 일하려고 노력 중이다. 시야를 멀리 두고 천천히 오래 가는 법을 배우고 있다.

오랫동안 한가지 장사에 몰두하면서 많은 걸 배웠지. 하지만 여전히 힘든 것들이 있다. 그중에서 가장 어려운 것이 바로 직원들과의 관계다. 요즘 직원들과 일하면서 세상이 많이 바뀌었음을 깨닫는다. 기존의 관념과 상식은 깨어지고, 모든 것이 새롭게 만들어지고 있다. 그것이 현실이기에 직원들에게 내 생각을 강요하기보다는 서로 소통하면서 인정하고 이해하려고 애쓰고 있다.

며칠 전에 직원 한 명이 면담 신청을 했다. 그 얘기를 듣고 덜컥 겁이 나더라. “사장님, 드릴 말씀이 있습니다” 하면 십중팔구 그만두겠다는 얘기가 이어지거든. 그래서 ‘또 퇴사하려나 보다. 요즘 사람 구하기 엄청 힘든데 어떡하지’ 하는 고민이 되었다.

잔뜩 긴장한 채로 직원을 만났다. 뜻밖에도 퇴사가 아니라, 다른 직원과의 관계에서 비롯된 어려움을 호소하더라. 그 직원과 너무 안 맞아서 함께 일하는 것이 괴로워 회사를 그만둘까 생각도 해봤다고 하소연했다. 그 직원의 무엇이 가장 힘든지 물었더니, 자기 일밖에 할 줄 모르는 점을 들었다. 그리고 같이 잘해보자고 무언가 제안을 했을 때 무조건 흠을 잡고 부정적으로 받아들이는 태도가 큰 스트레스를 준다며 호소했다. 그 직원이 꿈에 나타나 괴롭힐 정도라고 하니, 얼마나 힘든지 알겠더라고.

그동안 장사하면서 비슷한 문제로 괴로워하는 직원을 참 많이 만났다. 저마다 다른 개성을 지닌 사람들이 마음을 맞추어 함께 일하기란 몹시 어려운 일이지. 사람이 많을수록 여러 계파가 생기고, 그로 인해 분열이 일어나 조직 전체의 업무 효율성과 생산성이 낮아진다.

그러므로 사장으로 성공하고 싶다면, 다양한 직원들의 고충을 들어주고 보듬어주며 함께 갈 수 있도록 이끌 줄 알아야 한다. 무척 어려운 일이지만 말이지. 직원들이 서로 의견과 성향이 맞지 않아 어렵다고 얘기하면, 사장들은 대개 참으라고 이야기한다.

“그래도 네가 참아야지, 어쩌겠어.”

하지만 이런 얘기는 당사자에게 와닿지 않는다. 대책 없이 참고 감내하라는 얘기는 폭력이 될 수도 있다. 그렇다면 어떻게 해야 할까?

내 경우에는 세상의 이치를 설명해주면서 상황을 이해할 수 있도록 돕는다. 세상에는 나와 잘 맞고 내게 도움이 되는 사람도 있지만 맞지 않는 사람, 상처를 주는 사람도 존재한다는 걸 오래전부터 전해 내려오는 사상에 비추어서 설득력 있게 설명하면, 많은 경우 수긍하고 상황을 받아들이더라. 물론 이해하지 못하고 끝내 그만두는 사람도 있지만….

내게 나쁜 사람이 다른 사람에게는 좋은 사람일 수 있다

내가 인간관계로 어려워하는 직원들과 이야기를 나눌 때 주된 근거로 삼는 것은 '음양오행' 사상이다. 우리 동양의 기본 철학 중 하나지. 이 사상을 이십대에 처음 접한 뒤로, 삶에 두루 적용하면서 큰 도움을 받았다. 특히 나를 괴롭히고 힘들게 하는 사람들 때문에 어려울 때 생각하면서 고비를 넘기곤 했다.

음양오행은 '음양(陰陽)'과 '오행(五行)'이 합쳐진 말로, 음과 양의 변화와 음양에서 파생된 오행의 움직임으로 우주 만물의 모든 현상을 해석하는 사상이지. 오행은 물(水), 나무(木), 불(火), 흙(土), 쇠(金)를 말하는데, 사람 또한 이 다섯 가지로 나눌 수 있다고 본다. 그러니까 사람들 가운데에는 물의 성질을 지닌 사람도 있고 나무 또는 불, 흙, 쇠의 성질을 지닌 사람도 있다는 것이지.

이렇게 저마다 다른 성질의 사람들이 서로 얽히고설켜서 영향을 주고받으며 세상을 이루어간다고 하는 것이 음양오행 사상이다. 이 사상에 따르면 사람들 중에는 나를 도와주는 사람도 있고, 내가 도움을 줘야 하는 사람도 있으며, 나에게 해를 입히는 사람도 있고, 반대로 내가 해를 입힐 수도 있는 사람도 있다. 그 모두가 세상에는 필요한 존재들이지. 그리고 내게 해를 끼치는 나쁜 사람도 다른 사람 입장에서는 도움이 되는 좋은 사람일 수도 있는 것이다.

면담을 신청한 직원에게 이 사상을 상세하게 설명해주면서 마음에 들지 않는 동료의 존재를 부정하지 말라고 이야기했다. 그 사람도 세상에 꼭 필요한 존재이고 누군가에게는 큰 도움이 되는 사람일 수 있으니, 틀렸다기보다는 나와 다를 뿐이라고 여겨주길 바란다고 말했다. 또한 어디에 가더라도 안 맞는 사람은 있을 거라고, 그러니 현재 상황을 받아들이고 되도록 마음 편히 지내는 편이 나을 거라고 조언했지.

내 이야기가 그 직원에게 설득력 있게 받아들여졌는지는 잘 모르겠다. 모쪼록 음양오행 사상을 마음에 깊이 새겨서 지혜롭게 인간관계를 잘 맺어갈 수 있기를 바랄 뿐이다.

나와 맞지 않는 사람을 슬기롭게 대하는 법

너도 사회생활을 하다 보면, 분명 싫은 사람을 만나게 될 것이다. '뭐 저런 사람이 다 있어!' '도대체 무슨 생각으로 사는 사람이지?' '저런 사람이 어떻게 저 자리에 있을 수가 있어?' 이런 생각을 하게 만드는 사람들을 종종 마주치게 될 것이다.

그런 사람과 한두 번이 아니라, 오랫동안 만나야 할 때 어떻게 하면 좋을까? 내가 경험에서 알게 된 몇 가지 요령을 알려줄까 한다.

먼저 주위 사람들에게 물어봐서 그 사람에 대한 정보를 얻어야 한다. 그렇게 해서 그 사람이 싫어하는 것을 알게 되었다면, 그것을 되도록 하지 않도록 노력해야 한다. 그러면 부딪칠 일이 줄어들게 되고, 점차 원만한 관계를 맺을 수 있게 된다.

또 그 사람을 반면교사로 삼는 것도 좋다. 그 사람을 인생의 스승이라고 생각하는 것이다. 진정한 스승은 나에게 잘해주는 사람이 아니고 나를 괴롭히는 사람이라는 얘기가 있지. 삶을 되돌아봤을 때 참 맞는 말인 것 같다. 나를 힘들게 한 사람들 덕분에 더 많이 발전하고 성장할 수 있었으니까. 그러니까 너도 널 괴롭게 하는 사람을 네 인생에 도움이 되는 스승이라고 생각하면 어떨까.

그러고 나서 그 사람의 장점을 하나라도 찾아보길 바란다. 장점 없는 사람은 없거든. 반드시 하나쯤은 그 사람에게 배울 만한 점이 있을 것이다. 그 장점을 찾아서 나의 스승이 가르쳐준다고 생각하고 따라 해봐라. 그러다 보면 그 사람에 대한 생각이 더 부드러워지고, 한결 마음도 편안해질 것이다.

마지막 요령은 그 사람에게 더욱 잘해주고 예의 바르게 대해주는 것이다. 사람들은 대개 예의 바른 사람한테는 함부로 하지 못하는 경향이 있지. 사람이 살면서 기본적으로 지켜야 할 항목을 '오상(五常)'이라 한다. 오상은 인의예지신(仁義禮智信)을 일컫는데, 다섯 가지 모두 중요하지만 그중에서 겉으로 표시가 나서 사람을 판단할 수 있게 하는 덕목이 바로 '예'다. 예의 있는 사람은 어디에 가나 환영받지. 너도 항상 예의를 지켜서 많은 사람에게 신뢰를 얻고 칭송받기를 바란다.

이처럼 너와 맞지 않는 사람을 무조건 피할 것이 아니라, 지혜롭게 대했으면 좋겠다. 각양각색의 사람들이 서로 도와주기도 하고 해를 입히기도 하면서 세상을 이루어간다는 사실을 늘 기억한다면, 인간관계가 조금은 더 수월하게 풀리지 않을까 싶다.

사람의 마음을 읽고 움직이는 법

변화무쌍한 사람의 마음

"열 길 물속은 알아도 한 길 사람 속은 모른다"라는 얘기, 너도 들어봤을 것이다. 오랫동안 별의별 사람을 다 만나면서 장사를 해왔지만, 여전히 사람 마음을 헤아리는 것만큼 어려운 일이 없는 것 같다. 다른 사업하는 사람들, 영업하는 사람들에게 물어봐도 같은 답을 하더라. 사람 마음 알기가 가장 힘들다는 것이지.

왜 마음을 아는 것이 힘들까? 수시로 변화하기 때문이다. 우리가 하루를 사는 동안에도 아침, 점심, 저녁의 기분과 마음이 다르다. 출근할 때는 좋은 마음이었는데, 이런저런 일이 벌어지고 뜻밖의 상황에 몰리게 되면 순식간에 어둡고 절망스러운 마음으로 바뀌기도 하지. 이처럼 인생이 예측 불가하듯이 사람의 마음도 변화무쌍하다.

장사의 핵심은 고객 만족이다. 다양한 고객의 성향을 파악하고 원하는 것을 채워주어 물건 또는 서비스를 구매하도록 만들어야 하는 것이지. 장사뿐만 아니라 다른 일들도 대부분 사람의 필요를 충족시켜주는 일이니까, 사람 마음을 잘 알고 그것을 움직이거나 만족시킬 수 있는 사람이 성공할 확률이 높을 것이다.

나도 사람 마음을 알기 위해서 무척 노력했다. 여러 가지 책을 찾아서 읽고, 거기서 배운 내용을 실제 고객에게 적용해보면서 나만의 노하우를 쌓아갔던 것 같다. 하지만 여전히 100% 알지는 못한다. 마음이란 건 정말 한순간에도 변할 수 있기 때문이지. 그렇지만 다양한 독서와 수많은 경험을 통해, 내가 터득한 몇 가지 마음 읽는 방법을 알려줄 테니 한번 읽어보렴.

질문과 관찰로 상대의 심중을 읽어라

많은 책에서는 마음을 읽는 방법으로 표정, 몸짓, 시선 등을 살피라고 말하지. 하지만 이런 방법을 실제로 적용해보니 정확히 알아보기도 어렵고 책 내용이 틀린 경우도 많아서 나는 다른 식으로 접근하기로 마음먹었다.

내가 사람의 성향과 마음을 읽는 방법으로 사용하는 것은 대화와 관찰이다. 질문을 던졌을 때 되돌아오는 답변과 표정, 목소리 톤을 살피면서 마음을 알아가는 것이지.

나는 사람을 만나면, 긍정적인 사람인지 부정적인 사람인지

부터 알아본다. 긍정적인 사람은 늘 마음이 열려 있기 때문에 무엇을 권해도 받아들일 확률이 높다. 하지만 부정적인 사람은 의심이 많고 마음이 닫혀 있어서, 무언가를 제안하고 설득하는 일이 무척 어렵고 오래 걸리지. 성향이 다른 둘을 똑같은 방식으로 대했다가는 시간과 에너지 소모를 많이 하게 되고 상처를 받을 수도 있다. 그러니까 저마다 그 성향에 따라 대하는 방법이 달라져야 한다.

긍정적인 사람과 소통하는 것은 별로 어렵지 않다. 솔직하게 마음을 터놓고 이야기 나누면서 원하는 것을 이해하고 알맞은 것을 제시하면 되거든. 하지만 부정적인 사람에게는 설득이나 권유가 잘 통하지 않는다. 그러니 열린 자세로 대하되, 먼저 다가가서 무언가를 권하려 하지 말고 스스로 와서 요구 사항을 말하도록 놔둬야 한다.

긍정적인지 부정적인지 알아보는 질문은 간단하다. 인사와 한두 가지 질문으로도 쉽게 알 수 있다. 고객의 경우, 나는 이렇게 묻는다.

"고객님, 지금 쓰고 계신 안경을 언제 맞추셨어요?"

이런 물음에 긍정적인 사람은 '한 10년 정도 된 것 같은데, 왜요?' 또는 '대략 1~2년쯤 된 것 같아요. 안경에 기스가 많이 났죠?' 하는 식으로 적극적인 답변을 내놓는다. 얼굴을 보면 표정도 밝고 목소리도 쾌활하지. 반면에 부정적인 사람은 '잘 모르겠어요.'

'기억 안 나는데요.' 하는 식의 단답형 답을 한다. 얼굴이 어둡거나 무표정이고 목소리도 무겁고 딱딱하게 느껴지지.

이처럼 간단한 질문과 그에 따른 답을 통해 사람의 성향을 파악할 수 있다. 소통을 잘하려면 상대의 성향을 이해하고 존중하며, 그에 알맞게 반응해주어야 하는 것 같다. 상대의 결에 나를 맞추는 것이지.

너도 다양한 사람을 상대해보면서 너만의 마음 측정법을 만들어보길 권한다. 단, 사람 마음을 완벽하게 아는 것은 애초에 불가능하다는 사실을 기억해라. 우리는 그저 잘 알고 더 잘 소통하기 위해 노력할 뿐이지, 복잡미묘한 사람의 속내를 전부 다 파악할 수는 없다. 이 사실을 꼭 명심하고, 항상 겸손한 자세로 사람을 대하기를 바란다.

그리고 또 하나 주의해야 할 것이 있다. 사람들 중에는 유달리 말을 잘하는 사람이 있다. 이런 사람은 사교성과 친화력이 엄청 좋고 언변도 탁월하지. 이런 부류의 사람은 타고난 말솜씨로 다른 사람을 속일 수도 있고, 자기에게 유리하게 움직이도록 조종할 수 있다.

그러니 이런 사람을 만나면 경계심을 늦추지 말고, 그 사람이 하는 말을 그대로 믿지 말아야 한다. 어떤 경우에도 네 기준과 원칙을 벗어나서는 안 된다. 아무리 친한 사람, 멋있어 보이는 사람이 그럴싸한 말로 다가와도 넘어가서는 안 된다. 그리고 너 또한 말 잘하는 사람이 되기보다는 사람의 마음을 진정으로 이해해주고, 존중할 수 있는 사람이 되었으면 좋겠다.

두루두루 사귀어야 크게 성공한다

꿈이 크다면 다양한 사람들을 만나라

언젠가 네게 어떤 사람이 되고 싶냐고 물은 적이 있지. 너는 태권도를 세계에 알리는 사람이 되고 싶다면서, 네 꿈은 태권도협회장이 되는 거라고 말했다. 그 대답을 듣고 겉으로 내색은 안 했지만, 속으로는 '녀석, 꿈이 거창하구나' 하고 생각했다.

그래, 큰 꿈을 품고 하루하루 열심히 나아가보면 지금보다 훨씬 성장한 너를 발견하게 될 것이다. 꾸준히 노력해서 우리나라의 멋진 무예인 태권도를 널리 알리는 사람이 되길 바란다. 네 꿈이 꼭 이뤄지기를 응원하며, 마음속으로 늘 기도할게.

사람들은 저마다 다른 꿈을 지니고 살아가지. 어떤 사람은 자기 자신과 가족을 위한 꿈을 품고 살고, 또 다른 사람은 자신이 속한 지역의 발전을 위한 꿈을 가지고 살아간다. 더 나아가 나라와 세계, 온 우주를 위한 꿈을 지니고 살아가는 사람들도 있다. 사람마다 꿈의 크기가 다르지.

나는 면접을 볼 때 면접 대상자에게 늘 이렇게 물어본다.

"인생에서 이루고 싶은 꿈이 뭐예요?"

이 질문에 많은 사람이 '내 가족과 함께 행복하게 사는 것'이라고 대답한다. 그런 답을 들으면, 잘못된 건 아니지만 좀 아쉽다는 생각이 들더라. 이왕 태어난 것, 한번 사는 삶인데 좀 더 큰 꿈을 가지고 살면 좋지 않을까 싶어서 말이지. 하지만 이것은 내 생각일 뿐이고, 소박한 꿈을 꾸며 행복하게 살아가는 것도 좋은 일이다.

그러나 만약 꿈이 크다면, 그 꿈을 이루기 위해 남보다 더 많은 노력을 해야겠지. 다양한 책을 읽고, 여러 가지 공부를 하면서 새로운 도전을 해야 한다. 그리고 이러한 노력에 더해, 폭넓은 인간관계를 만들어가는 것이 무척 중요하다.

앞서 사람은 혼자서 살아갈 수 없다고 말했지. 세상의 모든 일은 사람과 사람 사이 관계 속에서 이루어진다. 그러니 큰 꿈을 지닌 사람은 꿈의 크기에 걸맞게 많은 사람들, 여러 부류의 사람들을 만나 관계를 맺어야 한다. 편견 없이 많은 사람과 소통하며 관계를 지속하다 보면, 그중 누군가를 통해 기회가 찾아온다. 무슨 일이든 사람을 통해 이뤄진다는 사실을 명심했으면 좋겠다.

만남을 통해 배우고 성장한다

어떻게 다양한 사람을 만날 수 있을까? 방법은 많다. 각종 동호회, 공부 모임뿐 아니라 요즘은 SNS를 통한 만남도 가능하다. 마음만 먹으면 갖가지 사람들을 다 만나볼 수 있는 세상이 되었지.

얼마 전에 네게 골프나 악기를 배워보라고 권했던 것 기억나니? 내가 지금까지 살아온 경험에 비추어봤을 때, 그러한 운동이나 취미 생활이 네 인생에 도움이 될 것 같아서 이야기했다. 또한 그런 활동을 하면 여러 사람들과 어울리고 친해질 만한 기회가 많이 생기기 때문에 네 꿈을 이루는 데에도 이로울 것이다.

많은 사람이 운동하면서 사람을 사귀고, 친분을 유지하면서 사업도 넓혀나간다. 이 점을 알고 나도 젊었을 때 골프를 일주일 배운 적이 있다. 매장을 오랫동안 비울 수 없어서 금세 그만두기는 했지만, 좋은 기억으로 남아 있다. 나는 소매점을 하기 때문에 골프를 치지 않아도 별문제 없지만, 규모가 더 큰 사업을 하거나 사회적으로 높은 지위에 있는 사람을 만나야 한다면 골프는 배워두는 게 좋을 것 같다.

다양한 사람을 만나야 시야가 넓어지고, 더 많이 성장할 수 있다는 사실을 30대 초반에 '한국청년회의소'라는 단체에 가입해 활동하면서 깨달았다. 변호사, 세무사, 의사, 약사, 공장 사장을 비롯해 온갖 직업을 가진 사람들을 만나면서 정말 많은 걸 배우고 경험할 수 있었다. 세상에는 참으로 똑똑하고 능력 있는 사람들이 많다는 걸 알았고, 나도 뒤처지지 않으려면 열심히 살아야겠다는 다짐을 하게 되더라.

그 단체에서 배운 회의와 토론 방식, 의사 진행 방법은 나중에 프랜차이즈 사업을 할 때 큰 도움이 되었다. 또한 자매결연한 외국 단체와 교류하면서 색다른 경험도 쌓을 수 있었다. 이처럼 다양한 사람을 만나면서 배우고 성장할 수 있다. 그러므로 더 큰 사람이 되고 싶다면, 적극적으로 인간관계를 넓혀가기를 권한다.

자격을 갖추면 좋은 인연은 저절로 찾아온다

앞서 말했듯, 누구나 마음만 먹으면 많은 사람을 만날 수 있다. 그런데 가장 중요한 건 교류하는 사람의 수가 아니라, 너 자신의 자질이다. 중요한 기회를 줄 수 있는 사람을 만났다고 하더라도 네가 그 기회를 거머쥘 만한 능력이 없다면 아무 소용 없겠지.

수준 높은 사람과 어울리려면 너도 그만큼 품위 있는 사람이 되어야 한다. 그러니 사람들과 관계 맺는 일을 적극적으로 해나가는 한편, 끊임없이 공부하고 노력하면서 네 꿈을 이룰 수 있는 능력을 쌓아라. 그 두 가지가 함께 이뤄질 때 꿈에 성큼 다가설 수 있을 것이다.

지금까지 내가 살면서 경험한 것에 따르면, 사람이 실력을 갖추었을 때 저절로 다른 사람들이 그 사람을 찾아오더라. 그러면서 자연스레 인맥이 넓어지고 더 많은 기회를 잡을 수 있게 되더라고. 참 신기한 일이지. 그러니 너도 꾸준한 노력으로 내실을 다지면, 언젠가 사람과 기회가 찾아오는 경험을 하게 될 거다. 좋은 인연을 만나서 많이 배우고 성장해서 꼭 꿈을 이루기를 기원한다.

알아두면 피가 되고 살이 되는 인간관계의 10가지 핵심

1. 세상은 혼자 살 수 없고 함께 살아가는 곳이다.
2. 모든 일에 감사하면서 살자.
3. 내 주변에는 나를 도와주는 사람이 많다는 걸 기억하자.
4. 나쁜 사람을 만나도 순리대로 처신해서 이겨내자.
5. 좋은 사람을 만나면 언젠가는 헤어진다는 것을 알자.
6. '기브 앤 테이크'의 원리를 깨달아, 먼저 주는 사람이 되자.
7. 이 세상에 내가 온 이유가 분명히 있다는 사실을 기억하며, 어려움이 있어도 참고 이겨내자.
8. 좋은 일을 같이할 수 있는 사람을 만들자.
9. 세 살 먹은 아이에게서도 배울 점이 있다는 것을 알고, 사람들의 장점을 찾아서 배우자.
10. 나의 성장은 오늘 하루 만나는 사람들을 통해서 이루어진다는 것을 명심하자.

관계

나와 잘 지내는 법

- 우리는 자신과 가장 많은 시간을 보낸다.
- 자기 자신과 잘 지내려면, 먼저 스스로를 믿어줘야 한다.
- 명상 등을 통해 자기 자신과 깊은 대화를 나눠라.

사소한 인연도 소중히 여겨라

- 좋은 인생을 살고 싶다면, 좋은 관계를 맺어라.
- 주위 사람과 유익을 주고받으며 함께 성장해라.
- 실력도 중요하지만 남의 도움이 보태져야 성공할 수 있다.

주는 것이 받는 것이다

- 내가 먼저 주면 그만큼 돌아오고 채워지게 마련이다.
- 좋은 관계를 맺고 싶다면, 잘 주고받는 요령을 배워라.
- 원하는 것을 얻으려면, 먼저 씨를 뿌리듯 투자해야 한다.

영원한 관계는 없다

- 만나면 헤어지게 되어 있다.
- 동업을 잘 이끌어가고 싶다면, 유효기간부터 정해라.

난처한 부탁을 받았을 때

- 언제 누구에게 부탁하게 될지 모른다는 사실을 기억해라.

- 들어줄 수 있는 부탁은 흔쾌히 들어줘라.
- 들어줄 수 없는 부탁은 상대가 납득할 만한 이유를 내세워 정중하게 거절해라.

싫은 사람과 계속 만나야 할 때

- 세상에는 나와 맞지 않는 사람들도 있음을 인정해라.
- 인생의 진정한 스승은 나에게 잘해주는 사람이 아니고 나를 괴롭히는 사람이다.

사람의 마음을 읽고 움직이는 법

- 인생처럼 사람 마음도 변화무쌍하다.
- 간단한 질문으로 상대의 성향을 파악해라.
- 소통을 잘하려면 상대의 마음을 이해하고 존중하며, 그에 알맞게 반응해줘야 한다.

두루두루 사귀어야 크게 성공한다

- 꿈이 크다면 여러 부류의 사람들과 관계를 맺어라.
- 기회는 사람을 통해 온다.
- 실력을 갖추면 저절로 사람들이 찾아온다.

"꼭 명심해라. 너무 많은 돈은 사람을 게으르게 만들고 타락하게 할 수 있단 사실을. 그러니 많은 돈을 벌기 위해 애쓰지 말고, 그저 네 일을 꾸준히 성심껏 하길 바란다. 그러면 겨울 앞마당에 눈 쌓이듯이, 네 통장에도 돈이 수북이 쌓여 있을 거다."

Chapter
04

돈

최선을 다하다 보면 저절로 쌓이는

돈이 뭘까?

돈은 쓰레기다

며칠 내내 쉬지 않고 내리던 비가 오늘 아침에야 좀 잠잠해진다. 열린 창문 사이로 신선한 바람이 불어오니 밤사이 뒤척이며 피로했던 몸이 한결 편안해지는 것 같다.

바람은 공기의 흐름이지. 눈에 보이지 않지만, 세상은 공기로 가득 차 있다. 공기가 없는 곳에서는 사람도, 그 어떤 생명체도 살아갈 수 없다. 생명체는 공기를 호흡해야만 생존할 수 있기 때문이지.

이런 측면에서 보면, 오늘날 돈도 공기 같은 것이 아닐까 생각한다. 돈이 없으면 먹을 것도 살 수 없고, 잘 곳도 마련할 수 없으며, 입을 옷이며 신발을 비롯해 그 어떤 것도 가질 수 없기 때문이다. 자본주의 사회에서는 모든 것에 가격이 매겨져 있다.

이십대 후반에 접어들어 사업을 시작한 네가 요새 부쩍 돈 때문에 고민하는 모습을 자주 본다. 얼마 전에는 무척 심각한 표정으로 돈 버는 일이 왜 이렇게 힘드냐며 하소연하기도 했지. 괴로워하는 네 모습을 보면 아버지로서 마음이 아프지만, 한편으론 뿌듯하기도 하다. 네가 드디어 인생을 본격적으로 일궈가는구나 싶어서 말이야.

대체 돈이란 게 뭐기에 사람 인생을 쥐었다 폈다 하는 걸까? 돈을 잘, 원하는 만큼 벌려면 먼저 돈이 무엇인지를 알아야 한다. 그리고 돈을 어떻게 다룰지 그 기준을 명확하게 세워야 한다.

혹시 기억하고 있는지 모르겠다. 너와 네 형이 초등학교에 다닐 때부터 내가 항상 강조했던 말, "돈은 쓰레기다!" 늘 너희에게 말하고, 따라 하라고 시키기도 했지.

그때 나는 삼십대 초반이었다. 사업하면서 돈에 대해 치열하게 생각하고 고민하던 때였지. 나름대로 경험하고 깨달은 것을 토대로 그런 결론을 내리게 되었고, 너희에게도 열심히 가르쳤다.

왜 돈이 쓰레기냐고? 모든 사람은 살면서 쓰레기를 내놓지. 쓰레기가 없는 세상은 없다. 하지만 쓰레기를 관리하지 않고 그저 모아두기만 하면 심한 악취를 주위에 풍겨서 눈살을 찌푸리게 한다.

돈도 마찬가지다. 모든 사람이 가지고 다니면서 쓰기도 하고 벌기도 하지. 돈이 없는 세상은 아마도 없을 거다. 하지만 돈을 관리하지 않고 모아놓기만 하면 악취가 나고 주위 사람들의 눈살을 찌푸리게 한다. 두루 순환해야 하는 돈을 자기에게만 쌓아두는 행위는 사회를 병들고 썩게 만드는 근본 원인이다.

나는 어릴 적부터 돈이 쓰레기가 되는 광경을 자주 목격했다. 그래서 돈에 너무 욕심내지 말고 쓰레기처럼 취급하자는 결심을 했다. 그 결심은 지금까지도 이어지고 있다. 내 사업을 하면서 꽤 많은 돈을 벌고 있지만, 그 돈을 나만을 위해서 가둬두기보다는 남과 세상을 위해 쓸모 있게 사용하고 관리하려고 노력한다.

돈이 쓰레기라고 해서, 함부로 취급하라는 뜻은 아니다. 쓰레기처럼 변질될 수 있으니까 잘 관리해서 주위에 피해를 끼치지 않고, 좋은 곳에 써야 한다는 의미다. 쓰레기도 잘 살펴보면 그 속에서 다시 쓸 수 있고, 귀중한 것을 찾을 수 있지? 그것처럼 돈도 소중히 다루고 꼼꼼히 챙기는 것이 중요하다.

너도 이제 잘 알겠지만, 돈은 가볍게 여길 수 없는 물건이다. 어떻게 사용하느냐에 따라 귀한 보석이 될 수도, 더러운 쓰레기가 될 수도 있는 돈의 대단한 위력을 너도 앞으로 살수록 체감하게 될 것이다.

쉬엄쉬엄 생각하고 매일매일 일하다 보면

그런데 돈은 왜 '돈'인 걸까? 궁금해서 그 어원을 찾아봤다. 그런데 정확하게 밝혀진 것은 없더라. 돌고 도는 것이어서 '돈'이라고 부르게 되었다는 추측이 가장 설득력 있는 주장이라고 한다. 하지만 내 생각은 좀 다르다.

돈은 '도'와 'ㄴ'으로 이루어져 있지. 여기서 '도'는 道(길 도)를 뜻하고, 'ㄴ'은 큰 그릇을 비유한다고 본다. 그러면 돈은 큰 그릇 속에 담긴 도가 되는 셈이지. 돈이 되려면 큰 그릇과 도가 필요하다는 것이다.

그럼 도는 또 뭔가? 이걸 물을 수 있겠지. 道(도)는 '首(머리 수)'와 '辶(쉬엄쉬엄 갈 착)'으로 이뤄져 있다. 그러니까 쉬엄쉬엄 가면서 머리로 생각하면 생기는 것이 도다. 도는 깊은 생각과 성찰에서 생기는 거지. 하루아침에 도를 깨달을 수 없다.

그러므로 돈을 얻으려면 천천히 도를 닦듯이 생각하고 일해야 한다. 그리고 그 도를 담을 수 있는 큰 그릇을 준비해야 많은 돈을 가질 수 있다. 큰 그릇이란 나의 허용치, 다른 것을 받아들이고 배우며 소화하는 능력으로 볼 수 있겠지. 그릇을 키우는 방법은 간단하다. 자기가 이루고자 하는 목표를 수준에 맞게 정하고, 노력해 이루어가면 된다. 팔굽혀펴기를 한 개도 못 하던 사람이 날마다 연습한 결과, 백 개 넘게 할 수 있게 되는 것과 같은 이치다.

처음부터 무리하지 말고, 지금 당장 도전해도 될 법한 수준의 목표를 세우는 것이 가장 중요하다. 그리고 꾸준히 노력해 그 목표를 이룬 뒤에는 조금 더 큰 다음 목표를 정하고 또 도전하는 것이다. 그렇게 하다 보면 어느 날 자신의 능력치와 생각의 차원이 확연히 커진 것을 발견하게 될 것이다. 그렇게 그릇은 커진다.

이런 얘기가 네 마음에 가닿을지는 잘 모르겠다. 어쩌면 치열한 현실과 동떨어진, 뜬구름 잡는 소리 같을 수도 있겠지. 신문과 뉴스에서 네 또래 젊은이들이 느끼는 박탈감과 분노에 대해 자주 접하곤 한다. 물가는 나날이 오르는데, 꿈을 펼치고 더 나은 미래를 그릴 수 있게 해줄 좋은 일자리는 눈 씻고 찾아봐도 잘 없으니 얼마나 막막할까.

하지만 동휘야, 내가 사회에 나와 처음 일을 시작했을 때에도 세상은 만만찮았다. 돈이 돈을 벌고, 돈 없는 사람은 설 자리조차 없는 것 같았지. 게다가 나는 가난한 형편에 장애까지 지녔기 때문에 더욱 힘들었다. 그저 내 힘으로 먹고살 수만 있으면 좋겠다고 생각했다.

그런데 그런 보잘것없는 나도 하루하루 천천히, 하지만 꾸준히 목표를 향해 달려가다 보니, 많은 꿈을 이룰 수 있었다. 그래서 네게도 힘주어 말하고 싶다. 포기하지 않고 지금 주어진 형편에서 최선을 다하다 보면, 원하는 것을 이루고 큰 그릇의 사람으로 성장할 거라고. 그렇게 되면 돈은 저절로 충분히 채워질 거라고 말이다.

진짜 부자 VS 가짜 부자

돈 때문에 죽은 아버지, 홀로 남겨진 어머니와 삼남매

오늘은 내 아버지에 대한 이야기를 들려줄까 한다. 즉, 네 할아버지 이야기지. 무척 슬프고 다소 충격을 안겨줄 수 있지만, 내가 이 자리에 설 수 있게 된 가장 결정적인 계기이기 때문에 빼놓을 수 없는 이야기이기도 하다.

너도 알다시피, 나는 어릴 적부터 장애를 지니고 살았다. 네 할아버지는 술만 드시면 늘 이렇게 말했다. "너는 몸이 불편하니까 남들보다 더 열심히 살아야 해." 그 얘기를 귀에 박히도록 자주 듣고 자랐지.

할아버지는 아들이 다리를 절뚝절뚝 절면서 다니는 모습을 보시며 무척 마음 아파하셨다. 아들이 앞으로 뭘 해서 먹고살지가 늘 고민이셨지. '동네에 작은 주유소를 차려주면 되겠다'는 결론을 내리신 뒤, 힘들게 미장 일을 해서 평생 동안 모은 돈을 전부 들여서 주유소를 샀다. 그거라도 나중에 물려주면 내가 먹고사는 데에는 큰 지장이 없겠다고 생각하며 계약했다고 하시더라.

그런데 그 계약이 사기였다. 할아버지는 초등학교 졸업 후에는 공부를 더 하지 못했다. 그래서 법에 대해서는 아무것도 아는 것이 없었지. 하지만 당신 양심에 비추어 봤을 때 거리낄 것이 하나도 없으니까 당연히 진실이 밝혀질 거라고, 상황이 바로잡힐 거라고 생각하셨다.

안타깝게도 일은 할아버지 예상대로 흘러가지 않았다. 할아버지에게 사기를 친 사람은 법을 아주 잘 알고, 그쪽에 아는 사람도 많았다고 한다. 그런 사람이 할아버지에게 계획적으로 사기를 친 거지. 결국 할아버지는 재판에서 억울하게 졌다.

마음의 상처와 세상에 대한 원망이 너무 컸던 탓일까. 내가 중학교 2학년일 때 네 할아버지는 스스로 목숨을 끊으셨다. 지금도 생생하게 기억난다. 농약을 드시고 목이 타들어가면서도 내 손을 꼭 붙잡고 뭐라뭐라 하시던 그 모습이. 이미 호흡이 끊어져가는 상황이었기에 무슨 소린지 알아들을 수는 없었다. 아마도 "재환아, 미안하다!" 또는 "열심히 해라!" 하는 말이었을 거야.

고통스러운 아버지의 죽음, 그 후에 남겨진 건 많은 빚과 홀로 된 어머니, 그리고 우리 삼남매였다. 할아버지는 십남매 중 막내였는데, 돌아가시고 나니 그 많은 형제들 중 누구 하나 우리에게 도움을 주는 사람이 없었다. 나는 그때 세상의 인심이라는 것을 알았다. 참 냉정했다. 어떻게 어른들이 자기밖에 모르는지, 어린 조카들이 불쌍하지도 않은지 이해할 수가 없고 원망스럽기만 했지.

당시에 어머니는 삼십대 초반이었다. 돈 버는 재주라고는 없으셨지. 친척들은 젊은 여자가 애들 셋을 어떻게 키울까, 혹시 버리고 가면 어떡하지 하고 걱정하는 듯했다. 그런 시선에 어머니는 주눅 들지 않으셨다. 걱정 마시라고, 내 새끼들은 내가 키운다고 고함지르며 싸우셨지.

나는 그 소리를 옆방에서 다 듣고 있었다. 어리니까 아무 말도 못 하고, 그냥 이불 속에서 아버지를 원망하며 흐느낄 뿐이었다. 큰소리를 치긴 했지만, 그 뒤 어머니 앞에 펼쳐진 길은 말 그대로 가시밭길이었다. 어머니는 자식들을 굶기지 않기 위해 무슨 일이든 닥치는 대로 했다. 나는 그런 어머니가 부끄러워서 고개를 들 수가 없었다. 내가 길을 지나가면 주위 사람들이 숙덕숙덕하는 소리가 들리는 듯했다. 얼마나 비참했는지, 그 감정은 느껴본 사람만이 알 거야.

어머니가 온 힘을 다해 일해도 돈은 늘 모자랐다. 공납금을 못 내면 학교 스피커에서 이런 소리가 전교에 울려 퍼졌다.

"3학년 1반 손재환, 공납금 미납입니다. 빨리 내세요."

그 방송을 들으면 정말이지 쥐구멍에라도 들어가 숨고 싶었다. 못사는 애라고, 불쌍한 애라고 공식 발표라도 하는 것 같았다.

얼마 뒤 면사무소 직원의 도움으로 우리 가족은 생활보호대상자가 되었다. 그때부터 학교에 내는 수업료, 육성회비 같은 것을 모두 면제받았지만 반 친구들은 그런 사실을 다 알고 있었다.

그래서 항상 부끄러웠다. 더군다나 남녀공학인 학교를 다니고 있어서 여학생들도 곁에 있었기에 더욱 수치스러웠던 것 같다. 한창 이성에게 관심을 가지고 잘 보이고 싶어하는 때였으니까. 멋있게 보이고 싶은 나이에 '생활보호대상자'라는 꼬리를 달고 다녔으니 오죽 비참했을까.

돈을 좇지 말고
돈이 나를 따라오게 해라

이처럼 나는 어릴 적부터 돈 때문에 온갖 시련을 겪었다. 그래서 돈에 한이 생긴 것 같기도 하다. 돈이 얼마나 중요한지, 그 위력을 몸소 경험해봤기 때문에 어쩌면 더욱 간절하게 돈을 벌기 위해 노력했고, 지금의 부를 이루어낼 수 있었는지도 모르겠다.

처음에는 돈을 많이 벌고 싶다기보단 필요한 만큼 벌고 싶었다. 그저 동네에서 못사는 사람 축에만 끼지 않았으면, 생활보호대상자만 안 되었으면 했지. 그런데 하루하루 주어진 자리에서 최선을 다하다 보니, 어느새 번듯한 집과 차, 사업체가 생겼다. 사랑스런 아내와 세 아들도 생겼고, 나의 소중한 식구들을 충분히 먹여 살릴 만한 능력도 갖추게 되었다.

몸도 불편하고 타고난 재주도 없고 부유한 부모도 없는데, 어떻게 그렇게 될 수 있었을까? 방법은 간단하다. 내가 따른 원리는 아마 세상 모든 사람이 알고 있을 것이다. 그건 바로, 힘들다고 포기하지 않고 현재 자리에서 열심히 최선을 다하는 것, 그뿐이다. 나는 그 방법으로 돈을 벌었고, 지금의 부를 이룰 수 있었다.

돈은 아무한테나 가지 않는다. 돈의 시력은 아주 좋아서 멀리 있더라도 주인을 찾아간다. 잠시 왔다가도 내 자리가 아니라고 생각하면 금세 다시 떠나기도 한다.

연애도 '밀당'을 잘해야 한다고 하지. 돈도 비슷하다. 너무 돈, 돈, 돈! 하면서 짝사랑하면 돈이 멀찌감치 도망가고 말 거야. 그러니 돈이 너를 사랑하도록 이끌어야 한다. 돈이 너를 따라오도록 만들어라.

옛말에 '돈을 좇지 말고 돈이 따라오게 하라'는 말이 있다. 처음에 그 말을 들었을 때는 터무니없다고 생각했다. 무슨 소린가, 돈에 발이 달려 있는 것도 아닌데 하고 말야. 하지만 30년 동안 사업을 하면서 돈을 좇아가던 사람들이 수두룩하게 망하는 걸 목격하면서 그 말뜻을 깨달았다.

동휘야, 명심하거라. 주어진 위치에서 열심히 일하고, 그릇을 키우다 보면 언젠가 돈이 저절로 찾아올 거다. 돈은 자기를 잘 관리하고 가치 있게 써줄 사람에게 모여들고 오랫동안 머문다. 이 사실을 잊지 말고 네 자리에서 최고가 되기 위해 노력해라.

나는 오래전부터 이런 돈의 속성을 깨달았기 때문에, 이제는 돈과 적당한 거리를 두고서 사업을 하고 있다. 지금은 돈이 나를 좋아하지만, 너무 가깝게 지내지 않으려고 한다. 너무 많은 돈은 잘못하면 냄새나는 쓰레기가 될 수도 있으니까, 적당히 관리하며 잘 사용하려고 노력 중이다.

세상에 큰 부자가 많지. 하지만 돈의 노예가 되지 않고, 돈을 자기 뜻대로 다스릴 줄 아는 사람은 별로 없다. 나는 이렇게 돈을 지혜롭게 관리하고 제어할 줄 아는 사람이 진짜 부자라고 생각한다. 너도 그런 사람이 되기를 바란다.

내 집 마련을 하려면?

5평 방에서 네 식구가 다닥다닥 붙어 자던 시절

동휘야, 네가 원룸 생활을 한 지도 꽤 오래되었구나. 매달 집세 내는 일이 생각보다 쉽지 않을 것이다. 수십만 원 월세도 꼬박꼬박 내는 일이 벅찬데 요즘 웬만한 집값은 10억 원을 훌쩍 넘으니, 평범한 월급쟁이에게 내 집 마련은 비현실적인 꿈이 되고 만 것 같다. 참으로 안타까운 현실이다.

상황이 이렇다 보니 젊은 친구들이 도시락 싸 다니면서 알뜰하게 모은 돈을 주식이니 코인이니 하는 곳에 투자하는 모습도 자주 본다. 그런 사람들에게 돈 벌면 가장 하고 싶은 게 뭐냐고 물으면, 대체로 '내 집 마련'을 하고 싶다고 말한다.

도대체 집이 뭐기에 그러는 걸까? 집은 '살아가는 곳'이다. 동시에 불안정한 미래를 정신적, 물질적으로 대비할 수 있게 해주는 든든한 버팀목이기도 하지. 흔히들 인간 삶의 기본 조건으로 '의식주'를 꼽는다. 그 세 가지 중에 제일 중요하고 큰돈 드는 것이 주, 즉 집이다. 안전하고 편안한 집이 있어야 돈을 벌어서 옷도 사고 음식도 살 수 있으니까.

나도 이십대 초반이었을 때, 집 생각을 많이 했다. 번듯하게 지어진 집들을 올려다보며 '나는 언제쯤 저런 집에서 살아볼까?' 생각하며 한숨지었지. 내게는 너무 먼, 꿈 같은 일이었거든.

고향인 군위에서 고등학교를 졸업하고 대구보건대학교 안경광학과로 진학하면서 처음으로 대구 남산동에서 자취 생활을 시작했다. 내가 살던 집 주인은 할머니였는데, 얼마나 엄하셨는지 모른다. 날마다 주인 할머니 눈치를 보면서 살았다. 문 열고 닫을 때도 조심, 어쩌다 친구를 데려왔을 때도 조심조심. 매 순간 살얼음판을 걷는 것 같았다.

고향의 같은 마을에 살던 정미소 집 외아들은 대구에 있는 자기 집에서 편안하게 살면서 학교를 다녔다. 그 모습을 보며 속으로 무척 부러웠다. 그 애처럼 부모 잘 만나서, 자기 집에서 먹고 자고 생활하는 친구들이 정말 부러웠다. 그런데 어쩌겠냐. 나는 가난한 집 자식이었는걸.

열악한 자취 집을 여러 차례 옮기면서 학교에 다녔다. 그러다가 어머니가 대구로 올라오시면서, 온 식구가 한방에서 지내게 되었지. 우리 삼남매와 어머니, 이렇게 네 식구가 5평 방에 누우면 방이 꽉 찼다. 그래서 잘 때에 몸을 뒤척일 수조차 없었다.

어머니는 대구에 와서도 온종일 일하셨다. 새벽 여섯 시에 나가서 자정에나 들어오셨다. 나는 그런 어머니에게 뭐 하러 그렇게 힘들게 일하느냐고, 좀 쉬엄쉬엄하라고 말하며 화를 내기도 했다. 참으로 철이 없었지.

어느 날 아침 풍경이 떠오른다. 잠에서 깨어 눈을 떠보니, 어머니가 방 한쪽에서 몸을 다 펴지도 못하고, 한껏 웅크린 채 잠들어 계셨지. 그 모습에 마음이 아렸다.

언젠가 어머니는 울면서 이렇게 얘기했다.

"내 집에서 두 다리 쭉 뻗고 자봤으면 소원이 없겠다."

그 말을 하시던 목소리와 표정이 지금도 생생하다.

그 뒤로도 우리는 수없이 이 집 저 집 이사를 다녔다. 얼마 전 주민등록 초본을 떼어보니, 스무 군데 이상 전입 신고를 했더라. 보통은 초본이 한 장, 많아야 두 장인데 나는 여러 장이더라고.

수많은 집을 옮겨 다니면서 집 없는 설움을 뼛속 깊이 느꼈지. 잘 지어진 아파트들, 그 수많은 창문에서 흘러나오는 불빛을 보면서 '저기 사는 사람들은 참 좋겠다! 나는 언제쯤 저런 집에 살 수 있을까?' 생각했지만 너무 비현실적인 얘기라 금세 잊어버렸다. 더는 생각하지 않았다. 이루어질 수 없는 일이라 여겼기에, 생각 자체를 포기했다.

'내가 누운 자리가 내 자리다' 생각하고 하루하루 최선을 다하면

'에휴, 모르겠다, 열심히 살다 보면 언젠가는 잘될 수도 있겠지' 하는 심정으로 그냥 살았던 것 같다. 지금 너와 네 또래 친구들도 비슷한 마음일까?

나는 가난한 데다 장애까지 지니고 있어서 평범한 사람들보다 조금 더 암울했던 것 같다. 돈을 모아서 집을 사고, 결혼도 하며, 아이도 갖는 것이 도저히 불가능해 보였다. 그래서 자포자기하는 마음으로 이런 시를 읊조리곤 했지.

> 하늘을 이불로 삼고 땅을 자리로 삼고 산을 베개로 하며
> 달을 촛불로 하고 구름을 병풍으로 바다를 술잔으로 하여
> 크게 취해서 그대로 일어나 춤을 추니
> 도리어 긴 소매가 곤륜산에 걸릴까 하노라

조선 시대에 살았던 진묵 대사의 시다. 고리타분하다고 할지 모르겠다만 나는 이 시를 참 좋아한다. 어떤 누추한 곳에도 하늘과 땅, 산과 달, 구름이 있지. 거대하고 아름다운 자연은 모두에게 평등하게 주어지지.

가진 것이 없던 시절에 나는 자연에서 큰 위안을 얻었다. '집 없으면 어때! 하늘과 땅이 있는데. 내가 누운 자리가 내 자리지. 이 얼마나 광대한 집이야…' 하고 스스로에게 말하며 용기를 북돋웠다.

동휘야, 온갖 휘황찬란한 것들로 꽉 찬 요즘 세상에서 살아가는 일이 어쩌면 더욱 어려울 것 같기도 하다. 좋은 것들이 넘쳐나지만, 모두가 그런 것을 누릴 수는 없으니 말이다. 부자는 점점 더 부유하게 되고 가난한 사람은 더욱 가난해지는 오늘날, 과연 우리는 어떻게 살아야 꿈을 이루고 원하는 것을 얻을 수 있을까?

부디 네가 포기하지 않았으면 좋겠다. 한때 내가 그러했듯이 자포자기하지 않기를 바란다. 나는 좋은 집에 사는 건 포기했지만, 주어진 자리에서 최선을 다했다. 건강한 몸, 물려받은 재산이 없었기에 나만의 경쟁력을 갖추기 위해 남들보다 몇 배 더 많은 노력과 시간을 투자했다. 오십이 넘은 지금까지도 노력하고 있고, 앞으로도 계속 노력할 거다.

그런데 꾸준히 달려와 보니, 어느샌가 꿈도 못 꾸었던 풍족한 형편에서 살고 있더라. 상상도 못 했던 일이 이루어진 거지. 나는 이것이 핵심이라고 생각한다. 비록 좁은 월셋집이라도, 이 집 저 집 전전하며 살더라도, '내가 누운 자리가 내 자리다' 생각하고 하루하루 최선을 다하는 것. 나보다 위에 있는 사람만 보지 않고 밑에 있는 사람도 보면서, 느긋하게 자기만의 경쟁력을 키우는 것.

그렇게 여행하듯 살다 보면, 너만의 경쟁력을 발견할 수 있을 거고 네 삶의 목표 또한 뚜렷해질 것이다. 목적의식을 가지고 노력하다 보면 언젠가는 네가 원하는 집을 가질 날도 올 거다. 여기서 절대 잊지 말아야 할 것이 있다. 집 자체가 목표가 되어서는 안 된다는 것이다. 네가 잘하는 것, 네가 이루고 싶은 꿈을 향해 매진해야 한다. 그러면 지금 바라는 집보다 더 큰 평수의 집을 얻는 날이 반드시 올 것이다.

돈, 어떻게 벌어야 할까?

앞마당에 눈 쌓이듯 모이고 불어나는 돈

동휘야, 사람 욕심은 끝이 없다. 나도 처음에 안경원을 차렸을 때에는 먹고살 수만 있으면 좋겠다는 생각이었다. 그러다 장사가 좀 되니까, 한 달 매출이 1천만 원 정도면 소원이 없겠다고 생각했지. 막상 그걸 이루고 나니, 욕심이 생겨서 1천5백만 원으로 목표가 변하더라.

그 꿈도 이루니, 시골의 일곱 평 매장에서 벗어나 도시에 가서 더 큰 매장을 해보고 싶었고, 그렇게 하고 보니 가게를 여러 군데로 확장하고 싶었다. 그것도 이루었지. 그랬더니 그 지역 안경원들 가운데 매출 1등을 하고 싶어졌고, 나중에는 대한민국에서 1등을 하고 싶은 욕심이 생겼다. 이렇듯 사람의 욕심은 끝없다.

며칠 전, 네가 물었지.

"장사를 해도 통장에 돈은 안 들어오고 물건 욕심만 자꾸 나는데, 이래도 되나요?"

그때도 말했지만, 그게 바로 장사고 돈이다. 처음에는 돈이 잘 안 보이지. 나는 종종 이것을 눈에 비유하곤 한다. 겨울에 눈이 올 때를 떠올려봐. 계속 보고 있으면 눈이 쌓이는 것 같지도 않고, 지켜보는 일이 지겹게 느껴지지. 그런데 잠깐 다른 일을 하다가 돌아보면, 어느 순간 눈이 수북하게 쌓여 있지 않니.

돈도 그렇다. 날마다 통장을 들여다보면서 '언제 모일까' 고민하면, 돈이 모이는 게 잘 느껴지지도 않고 지겹기만 하다. 그런데 일에 몰두하다가 보면 어느 순간 눈 쌓이듯 돈이 쌓여 있지.

나도 장사를 처음 시작했을 때는 돈을 빨리 많이 벌고 싶었다. 그런데 욕심을 좇아서 조금씩 장사 규모를 키우면서, 이런저런 경험을 하다 보니 귀중한 깨달음을 얻었다. 돈 벌기에 집중하기보다는 일에 집중해야 한다는 거였지.

그래서 그 뒤로는 일에 집중했다. 일에 집중하다 보면 돈의 관점이 아닌 일의 관점에서 모든 걸 보게 된다. 그러면서 진짜 일에 눈을 뜨게 되었던 것 같다. 좀 더 멀리 바라보고, 하루하루 충실하게 장사를 해나갔더니, 어느새 눈처럼 돈이 모여 있더라고. 참 신기하지?

얼마를 벌 수 있느냐는 신의 영역으로 돌리고

나는 앞으로도 돈이 아닌, 일에 집중하면서 살아갈 것이다. 그런데 주위를 둘러보면 돈을 좇는 사람이 훨씬 많더라. 그런 사람이 자기 욕심만큼 돈을 벌어 성공하는 모습은 거의 보지 못했다. 30년 동안 장사하면서 수많은 사람을 보았다. 그런데 엄청 잘나가던 사람들도 어느 순간, 거의 다 망하고 사라지는 것이 현실이다.

왜 그럴까? 자기 자신을 모른 채, 돈만 좇았기 때문이라고 생각한다. 세상을 찬찬히 살펴봐. 나뭇잎 하나, 구름 한 조각도 다 다르지. 사람도 그렇다. 모두 다른 것이 어우러져 살아가는 것이 세상이다.

나는 평소 자연에서 많은 걸 배운다. 산에 가면, 여러 가지 나무가 있지. 소나무, 밤나무, 감나무…. 종류가 정말 다양하다. 이런 나무들은 저마다 열매 맺는 때가 다르다. 심은 지 1년 만에 열매 맺는 나무도 있고, 3년 만에, 5년 만에 열매 맺는 나무도 있다.

사람 또한 이와 같다. 저마다 다르기에 열매 맺는 때도 제각각이다. 어떤 사람은 10년, 또 다른 사람은 20년, 30년 뒤에 결실을 거두기도 한다. 또한 열매가 맺힌다고 해도 그 개수와 가치에 차이가 있다. 이것은 인간으로서는 다 이해할 수 없는 차원의 문제지. 세상을 살다 보면, 인간이 알 수 없는 것도 많다는 걸 알게 된다. 똑같은 땅에 똑같은 정성을 쏟아도 결과는 다 다르다. 인간도 그렇다. 모든 걸 동일하게 받을 수는 없다.

동휘야, 돈을 얼마나 버느냐 하는 문제는 신의 영역으로 돌리고, 일에 집중해라. 학생이 열심히 공부해서 시험 치고 성적표를 기다리듯, 너도 힘을 다해 일하고 결과를 기다리는 것이다.

만약 네 앞마당에 쌓인 눈이 수북하게 많으면 너는 복을 많이 받은 거고, 좀 적으면 '내가 노력이 부족했나 보다' 하고 더 열심히 하면 된다. 나는 이런 생각으로 한평생 살아왔고, 지금도 살아가고 있다. 돈 욕심보다는 일 욕심이 많은 사람이지.

하나 더 제안하자면, 인생을 50세 전후로 나눠보면 어떨까? 아무래도 50세부터는 여러모로 기력이 떨어지니까 그때까지 열심히 일하면서 돈을 버는 시기로 삼고, 50세 이후는 그때까지 번 돈을 관리하고 활용하는 시기로 삼는 거지. 50세가 될 때까지 번 돈은 어쩌면 그때까지 노력한 것에 대한 성적표 같다고 보면 될 것 같다.

꼭 명심해라. 너무 많은 돈은 사람을 게으르게 만들고 타락하게 할 수 있단 사실을. 그러니 많은 돈을 벌기 위해 애쓰지 말고, 그저 네 일을 꾸준히 성심껏 하길 바란다. 그러면 겨울 앞마당에 눈 쌓이듯이, 네 통장에도 돈이 수북이 쌓여 있을 거다. 그게 얼마든, 만족하고 잘 쓰면 된다. 신이 준 만큼이 자기 그릇에 알맞은 정도라고 여기며, 잘 활용했으면 좋겠다.

돈의 힘

인생을 쥐락펴락하는 돈의 위력

앞서 '돈은 쓰레기'라고 하고 돈보다 일에 집중하라고 했지만, 그게 돈을 우습게 여겨도 된다는 뜻은 아니다. 오히려 그 반대지. 돈이 엄청나게 중요하고 힘이 있기 때문에 아주 조심히 다뤄야 하고, 거리를 두어야 한다는 의미다.

돈의 힘은 어마어마하다. 오늘날 돈이 세상과 인생을 주관하고 있다고 해도 결코 지나친 말이 아닐 것이다. 돈의 속성과 위력을 깨닫고 늘 염두에 두지 않으면, 큰 어려움에 처할 수도 있다.

오늘은 네게 돈이 지닌 힘에 대해 이야기하려 한다. 너희 세대가 중요하게 여기는 '공정'과 '정의'에 맞지 않는 부분도 있을 것이다. 하지만 현실이 그렇다. 예나 지금이나 돈 때문에 인간의 존엄성이 훼손되고, 상식이 뒤바뀌는 일이 곳곳에서 벌어지고 있다.

내가 살아가는 삶 속에서만은 그런 일이 벌어지지 않도록 부단히 애쓰고 있다만, 그런 노력이 사회 전체로 뻗어나가도록 하는 건 참 어려운 일인 것 같다. 모쪼록 너희는 돈을 지혜롭게, 공정하게 사용할 줄 아는 첫 세대가 되었으면 좋겠다. 다 함께 공명정대하고 투명한 사회를 만들어갈 수 있기를 기도한다.

나는 어릴 적부터 돈의 위력을 자주 경험했다. 어른들이 "돈 앞에서는 무엇이든지 고개를 숙인다"라고 했는데, 그게 무슨 뜻인지 뼛속 깊이 깨닫게 되는 경험을 여러 번 했지. 너도 그런 사건을 마주할 때가 올 텐데 그럴 때 놀라지 말고 침착하게 사리 분별하길 바란다.

앞에서 할아버지가 주유소를 사서 아버지의 미래를 준비해주려고 했는데, 결국 그 계약이 사기여서 스스로 목숨을 끊었다고 했지? 그 후에 동네에서 소문이 돌기 시작했다. 사기를 친 사람이 재판에서 이기려고 법원에 뻔질나게 드나들면서 이 사람, 저 사람에게 뇌물을 줬다는 얘기였다.

그 소리를 듣고, 당장 그 사기꾼 집에 찾아갔다. 아주 좋은 집에 살더라. 안에 뛰어 들어가서 그 인간 멱살이라도 잡고 싶었지만 차마 그러지 못했다. 그때 내 나이 열다섯 살, 엄두가 나지 않았다. 두 눈 부릅뜨고 집을 올려다보면서 마음속으로 맹세할 따름이었다. 언젠가 내가 꼭 원수를 갚겠다고. 그런데 어떻게 원수를 갚을까? 집을 향해 타박타박 걸어오면서 생각해보았지. '내가 잘되고 성공하는 게 최고의 복수겠구나' 하는 결론을 내리게 되었다.

할아버지도 죽기 전까지 나름대로 갖은 애를 썼다. 재판에서 지고 난 뒤 항소를 하기도 했지. 그리고 반드시 이기기 위해 방법을 사방팔방으로 알아보셨다. 그때 내 외삼촌이 퇴직한 고위 경찰이었다. 어느 날부턴가 외삼촌이 우리 집에 자주 오시더라고. 아버지에게 걱정하지 말라고 하시더니, 떠날 때에는 늘 돈을 받아 가더라. 외삼촌은 수시로 아버지를 찾아와 돈을 받아 갔다. 그런데 아무것도 바뀌는 게 없었다. 그래서 아버지와 어머니가 자주 다투었다.

그 모든 일을 눈으로 보고, 귀로 들으면서, 나는 깨달았다. 세상 모든 것에는 돈이 연관되고 돈이 해결책이라는 것을, 돈 없으면 아무것도 할 수 없다는 사실을.

대학교에 들어가서도 돈의 위력을 경험한 일이 있었다. 당시에 나는 고등학교 담임 선생님의 제안에 따라, 대구보건대학교 안경광학과에 입학하게 되었다. 전문대이긴 하지만 그 과의 인기가 높아서, 4년제 대학에 갈 수 있는 성적 좋은 학생들만 들어갈 수 있었지. 나는 별다른 특기는 없었지만, 공부를 꽤 열심히 했기 때문에 장학금을 받고 입학했다.

그런데 입학식 날, 반을 배정받아 교실에 들어갔더니 나 말고 우리 학교에서 온 애가 한 명 더 있더라고. 그 애를 본 순간, 나는 눈을 의심했다. '공부를 착실하게 하는 애가 아닌데, 어떻게 여기에 들어왔지?' 부정입학이라는 의심이 들었지만, 진상을 확인할 길은 없었다.

당혹감과 실망감에 휩싸였다. 나는 열심히 노력해서 이 과에 온 건데, 아무나 들어올 수 없는 과라고 자신했는데…. 허망한 마음에 1년 동안 학교에 거의 나가지 않았다. 몹시 괴로운 시절이었다.

우여곡절 끝에 대학교를 졸업한 뒤에도 돈 때문에 속상한 일은 계속 있었다. 나는 안경원에 취업해서, 안경사 일을 시작했다. 온갖 사람들과 부대끼며 갖가지 일을 경험했다. 그런데 나랑 똑같은 과에서 공부하고, 똑같이 안경원에서 안경사로 일하던 친구들이 하나둘 자기 안경원을 차리더라. 물론 부모님 도움을 받아서 말이지.

동기, 동료였던 사람이 순식간에 사장님으로 변신했다. 모든 말과 행동도 사장님처럼 바뀌며 빠르게 신분 상승을 했다. 그 모습을 지켜보며 얼마나 부럽던지. 지금은 내가 그 동기, 동료, 선배보다 훨씬 더 많은 매장을 거느린 사장이 되었지만, 그때는 꿈도 꾸지 못했다. 돈이 없었기 때문에 그저 '나는 언제쯤 사장이 될 수 있을까' 하고 한숨만 쉴 뿐이었다.

그래도 투명하게, 공정하게 돈을 벌어야 해

이처럼 나는 어릴 적부터 돈 때문에 억울하고 괴로운 경험을 많이 했다. 원망스럽고 한스러웠던 때가 하루이틀이 아니었지만, 거기에 그대로 머물지 않았다. '이것이 돈의 힘이구나' '가진 자의 특권이란 저런 것이구나' 하고 현실로 받아들였다. 그리고 불의한 일이 판치는 세상에 맞서서 이길 방법은 정정당당하게 내 힘으로 돈을 벌어 성공하는 거라고 생각했다.

그래서 내 모든 걸 올인하되, 투명하고 공정하게 돈을 벌고자 노력했다. 룰을 지키는 자가 진정한 승리자임을 알기에 '현금 없는 매장'을 실천하고 100% 매출 신고를 하며, 투명 경영을 하고 있다. 여러 유혹이 찾아올 때도 많지만, 원칙대로 성실하게 신고하고 세금을 낸다. 왜냐하면 그렇게 해야 멀리 간다고, 오랫동안 사업을 지속할 수 있다고 확신하기 때문이다.

나는 너도 내 길을 따랐으면 좋겠다. 이제 사업을 시작했으니, 돈의 중요성을 더욱 뼈저리게 느낄 것이다. 들어오는 돈은 너무 적은데, 나가는 돈은 너무 많아 보이고, 그러면 무슨 수를 써서라도 지출을 줄이고 싶은 마음이 생길 수도 있다. 하지만 그건 망하는 길이다. 멀리 가려면 원칙을 지켜야 한다. 그러니 세금을 줄이거나 안 내기 위해서 불투명하게 살지 말고, 많이 내더라도 정직하게 살기를 바란다. 상상을 현실로 만들기도 하고, 목숨을 살리기도 하는 어마어마한 힘을 지닌 돈을 바르게 잘 사용하고 벌어서 참된 성공을 이루기를 기원한다.

부모님 돈은 내 돈일까?

다 해주고 싶어도 해주지 않는 아버지 마음

'부의 대물림'이 오늘날 사회 곳곳에서 말썽을 일으키고 있다. 부유한 부모가 자식에게 재산을 물려주고, 그 자식이 또 자기 자식에게 재산을 물려주어 끊임없이 부가 지속되도록 만들고 있지. 돈으로 돈을 버는 세상이니, 태어날 때부터 부자 부모를 둔 사람은 재산을 불리기가 쉬운 게 현실이다.

하지만 돈을 물려받는 것이 정말 좋기만 할까? 나는 그동안 많은 부자와 부자 부모를 둔 자식들을 봐왔다. 그런데 부모가 준 돈으로 큰 성공을 거두는 경우는 거의 없더라. 준비도 제대로 갖추지 않은 채 섣불리 사업을 시작했다가 돈만 다 쓰고 망하는 경우도 많이 봤다. 그런 모습을 보고, 또 내 경험에 비추어봤을 때

자식에게 돈이 아닌 성공하는 습관을 물려줘야겠다고 생각하게 되었다.

언젠가 네 형 동민이가 말하더라. 지금은 형이 축구 코치로 일하고 있지만, 축구 실력 자체가 특별히 뛰어난 건 아니잖아. 형 친구들도 그걸 알았지. 그래서 어느 날엔가 이렇게 얘기하더란다.

"너는 축구 하다가 나중에 아버지 사업 물려받으면 되겠네."

좋겠다며 부러워하는 친구들에게 네 형이 딱 잘라 말했다고 한다.

"너희가 우리 아버지를 잘 몰라서 그래. 절대 그런 일은 없을걸."

그래. 맞다. 나는 그러지 않을 것이다. 너희 둘에게 어릴 적부터 이야기했지. 공부만 시켜준다고, 대학교까지만 책임져준다고 말이야. 그 뒤로는 너희 스스로 독립해 살아가야 한다고 귀에 못이 박이도록 되풀이해 이야기했다. 그래서 아마 그 말이 너희 머릿속에 새겨져 있을 거다.

나도 마음으로는 너희에게 다 주고 싶지. 좋은 것 먹이고 원하는 건 다 사 주고 싶다. 그리고 내 피땀으로 이룬 소중한 사업을 너희에게 물려주고 싶은 마음이 들 때도 있다. 하지만 진짜 너희를 생각한다면, 너희가 세상에서 잘 살아가길 바란다면, 그래서는 안 된다고 생각한다. 노력 없이 거둔 결실은 독이 되는 법이니까. 고생하는 너희를 보면 마음이 아프지만, 하나씩 스스로 성취하고 성공하는 모습에 보람을 느낀다.

네가 고등학교 3학년 때 있었던 일이 떠오른다. 어느 날 대뜸 할 말이 있다고 했지. 그래서 뭐냐고 물으니, 너는 "저 고등학교 자퇴해야겠습니다" 하고 말했다. 하늘이 무너지는 것 같았다. 눈앞이 캄캄해졌지. 졸업을 코앞에 두고 이게 무슨 소린가 어안이 벙벙했다.

애써 겉으로 내색하지 않고 이유를 물었다. 너는 이렇게 답했지.

"다른 선수들은 운동만 하는데, 저는 공부와 운동을 병행해야 해서 너무 힘들어요. 자퇴하고 운동에 전념해서 꼭 1등을 하고 싶습니다."

어릴 때부터 태권도를 배웠고 선수로 활동하던 네가 대회에서 1등을 하기 위해 자퇴하겠다는 말에도 일리는 있었지. 그날부터 나는 몇 날 며칠 동안 고민했다. '저 아들을 어떻게 인도해야 할까? 잘못하면 운동하는 놈이라 깡패가 될 수도 있을 텐데, 어쩌면 좋지?'

생각 끝에 네게 한 가지 제안을 했다. 1년간 미국에 가서 영어를 배우면 어떻겠느냐고, 영어 잘하는 태권도 선수라면 경쟁력이 있고 나중에 먹고사는 데도 지장이 없지 않겠느냐고, 게다가 태권도를 여러 나라에 알릴 수도 있지 않겠느냐고 말이지.

너는 고민 끝에 동의했고, 미국에 갔다. 다른 집 아이들처럼 부모가 모든 돈을 대주는 유학이 아니었지. 나는 어학연수비만 내줬고, 네가 태권도 사범으로 일하면서 생활비를 벌어 써야 했다.

기간도 딱 1년으로 정해, 그 안에 영어를 능숙하게 배우고 돌아오도록 했다.

아마 타국 생활이 쉽지 않았을 것이다. 네가 햄버거로 끼니를 때우고 하루에 서너 시간 자면서 무척 고생한다는 얘기를 들었지만, 꾹 참고 기다렸다. 그러던 어느 날 네가 전화를 걸어왔지.

"아버지, 관장님이 이제 학교까지 차로 데려다줄 수 없다고 하시는데, 어떡해요? 차가 없으면 학교에 갈 수 없는데요."

아마 다른 아버지였다면, 작은 차라도 사서 타고 다닐 수 있도록 돈을 보내줬을 것이다. 하지만 나는 그렇게 하지 않았다.

"자전거를 타고 다니면 어떨까? 나는 중학교 때 3년 동안 자전거 타고 학교 다녔거든. 불편한 몸으로 날마다 자전거를 타고 다녔지. 비가 와도 한 손으로 우산을 붙잡고 꿋꿋이 자전거를 타고 달렸어. 너도 충분히 할 수 있을 거야!"

네 힘으로 이룬 성공이 진짜 네 것이야

말은 그렇게 했어도, 네가 어떻게 나올지 몰라 가슴이 조마조마했다. 이윽고 네가 한번 해보겠다고 대답했을 때 비로소 안도의 숨을 내쉬었지. 천만다행이었다. 그리고 네가 무척 자랑스럽더라.

나는 네가 필요로 하는 걸 전부 다 해줄 수 있었지만 그렇게 하지 않았다. 왜냐고? 스스로 할 수 있는 사람이 되기를 바랐기 때문이다. 그래서 고생하는 것 뻔히 알면서도 혼자 하도록 놔뒀지.

혹시 오해하고 엇나가지 않을까 노심초사하면서 말이다.

자식의 진정한 성장과 성공을 바란다면, 물고기를 잡아주어선 안 된다. 대신에 물고기 잡는 법을 알려줘야 한다. 그 방법을 배우도록 옆에서 본을 보이고, 때가 되었을 때 스스로 잡을 수 있도록 격려하고 기다려줘야 한다. 그게 올바른 부모 역할이라고 나는 확신한다.

그러니 부모 재산과 권력을 믿지 말고, 홀로서기를 해라. 부모 도움으로 이룬 건 네가 이룬 것이 아니니다. 그렇게 이룬 성공은 너 자신에게도 떳떳하지 못하지. 아마 네 친구들도 앞에선 차마 말을 못 해도 뒤에서는 '저 녀석 부모 잘 만나서 좋겠네' 하며 비방하고 깎아내리려고 할 거다.

동휘야, 인생은 모든 것을 스스로 해결하고 만들어가는 것이다. 부모 재산을 탐내지 말고 어떻게 내 인생을 일구어나갈까 고민하며 헤쳐나가길 바란다. 힘들고 괴로운 일도 많겠지만, 차근차근 겪어나가다 보면 성장하고 성공할 날도 올 거야. 네가 홀로 설 수 있게 돕는 것, 이것이 내가 네게 줄 수 있는 가장 큰 유산이다.

부자가 되는 법

이렇게만 하면 모두 부자가 될 수 있다

지금까지 돈에 대한 이야기를 많이 했다. 그런데 가장 중요한 '부자가 되는 법'에 대해서는 아직 다루지 않았다.

네가 얼마 전에 물었지. 장사를 하면 할수록 돈 벌기가 힘들다는 사실을 절실히 느끼게 된다고, 아버지는 어떻게 그토록 불리한 조건에서 돈을 벌고 모아서 부자가 될 수 있었느냐고.

그때는 "그냥 열심히 하면 돼!" 하고 간단히 답하고 말았는데, 오늘 더 구체적으로 말해주려고 한다. 내가 앞으로 얘기하는 방법대로만 실천하면 반드시 부자가 될 수 있을 것이다.

하지만 먼저 알아둘 것은 부자에도 두 종류가 있다는 사실이다. 세상에는 평범한 부자가 있고, 큰 부자가 있다. 평범한 부자는 스스로 노력하면 될 수 있지만, 극소수의 큰 부자는 자기 노력에 더해 하늘의 도움을 받아야만 될 수 있다. 하늘의 도움은 보이지 않는 힘을 뜻한다. 그렇다면 어떻게 하늘의 도움을 받을 수 있을까? 이것에 대해서는 나중에 시간 날 때 말해주기로 하고, 지금은 부자가 되는 방법에 대해서만 이야기하겠다.

첫 번째, 아침에 일찍 일어나기

좀 뜬금없지? 아침에 일찍 일어나면 부자가 될 수 있다니, 헛웃음이 날지도 모르겠다. 하지만 이 단순한 실천이 부자가 되는 첫걸음이다. 세계적인 베스트셀러 작가 할 엘로드는 "부자들은 매일 아침 부자가 될 준비를 끝낸다"라고 말했다. 그런데 우리 회사 젊은 직원들에게 물어보니, 대부분 자정에서 새벽 1시 사이에 자고, 아침 8~9시에 일어난다고 하더라. 그 얘길 듣고 많이 아쉬웠다. 왜냐하면 아침 시간을 잘 활용하는 게 큰 도움이 되기 때문이다.

세상에는 낮과 밤이 있다. 이 낮밤의 순환과 반복으로 이 세상은 움직이고 있다. 해가 뜨면 아침이 되어 만물이 살아나고, 해가 지면 밤이 되어 모두 쉬면서 에너지를 비축해 다시 새 아침을 맞이한다. 사람도 자연의 아주 작은 부분이다. 자연의 리듬에 순응해 사는 것이 여러모로 유익하다. 세상의 기운이 일어날 때, 나도 같이 일어나면 신선하고 깨끗한 기운, 즉 에너지를 받을 수 있다. 그러면 머리가 맑아지고 생각이 깊어진다. 이럴 때 좋은 영감이 떠오르기도 한다.

부자들은 새벽에 일어나 하루를 시작하며 혁신적인 아이디어, 힌트를 얻어 발전한다. 그 대표적인 예로, 가난한 농사꾼 집안의 장남으로서 세계적 기업의 총수 자리에까지 올라선 고(故) 정주영 회장을 들 수 있다. 정 회장은 새벽 3시 반에 일어나 신문을 읽거나 해외에서 온 문서들을 검토하며 하루를 시작했고, 그 부지런함으로 거대한 부와 성공을 이루어낼 수 있었다고 한다.

나도 어릴 적부터 아침 일찍 일어나는 습관을 들였다. 시골 사람들이 대부분 그렇지만, 우리 집은 캄캄한 첫새벽부터 환히 불을 밝히고 하루를 시작했다. 왜냐하면 아버지가 미장 일을 하셨기 때문이지. 아버지는 새벽 4시에 일어나 미숫가루 물을 한 그릇 드시고 일하러 나가시며 '일찍 일어났으니까 공부해라' 하셨다. 하지만 나는 일어났다가 너무 졸려서 다시 잠들기 일쑤였다

그래도 그때 영향으로 일찍 일어나는 습관을 가지게 됐다. 일찍 일어나면 운동도 하고 생각도 할 수 있는 여유가 있다. 그게 참 중요한 것이다. 내가 오늘 무엇을 해야 하고, 누구를 만나야 하는지, 어떤 목표를 가지고 어떻게 해야 할지, 미리 생각하고 몸과 마음을 단련할 수 있으니까. 이런 시간을 가지지 못한 채 허겁지겁 하루를 시작하면 일과에 집중하기가 어렵고, 몸도 마음도 쉬이 지치게 된다. 남보다 몇 시간 더 일찍 일어나면, 그만큼 하루를 더 사는 것과 같다. 삶의 시간이 더 늘어나는 셈이니, 부자가 되기에도 유리하겠지.

기억나는지 모르겠다. 네가 초등학교 2~3학년 때부터, 내가

너와 네 형을 새벽 5~6시에 일어나도록 했던 것을. 곤히 자던 너희를 억지로 깨워서 함께 자전거를 타고 근처 저수지까지 갔지. 엄청 졸린 얼굴로 어쩔 수 없이 따라나서던 너희 모습이 눈에 선하다.

나는 그때부터 너희에게 일찍 일어나는 습관을 들이고 싶었다. 짜증 내도, 싫어해도, 일단 경험을 하게 하면 나중에 어른이 되어서 스스로 일찍 일어나게 될 거라고 믿었다. 사람은 경험해본 것을 다시 하는 것은 쉽게 받아들이지만, 한 번도 안 해본 걸 하는 건 거부감을 느끼고 두려워하는 경향이 있다. 네가 일찍 일어날 수 있는 건 어릴 적 경험 덕분이라고 생각한다.

두 번째, 긍정적으로 생각하기

사람들은 똑같은 일을 두고도 제각각 다른 생각을 한다. 살아온 과정, 경험, 가치관, 기준이 저마다 다르기 때문이지. 그런데 자신에게 주어진 재능을 아낌없이 발휘하고 부자가 되려면 어떻게 생각하는 게 좋을까?

긍정적인 마인드가 답이다. 부자들은 어떤 어려움을 마주쳐도 긍정적인 마인드로 대처할 줄 안다. 이렇게 하기 위해 가장 좋은 건 '내 탓이오' 사고방식인 것 같다. 문제를 해결하려면 가장 먼저 무얼 해야 할까? 그렇다. 문제를 인정해야 한다. 그런데 많은 사람이 이 첫 관문에서부터 어려움을 겪는다. '저 사람 때문에' '하필 이런 상황이어서' 하고 문제를 곱씹기만 할 뿐 받아들이려 하지 않는다.

그러나 문제를 그대로 인정하고 받아들이면, 해결이 시작된다. 억울하고 화가 나더라도 '그래! 모두 내 탓이야. 이제 어떻게 하면 되지…' 하고 방법을 모색하는 게 중요하다. 과감하게 문제를 받아들이고 나를 중심으로 해결 방법을 찾으면 반드시 돌파구가 나타날 것이다. 어떤 어려움이 나타나더라도, 나를 더 강하게 만들기 위한 신의 테스트라고 받아들이고 성큼 앞으로 내딛길 바란다. 그러면 그 힘듦이 네 강점으로 변해서 인생에 큰 도움이 될 거야.

나는 어릴 때부터 긍정적인 생각을 하면서 살았다. 어떤 계기로 그렇게 되었는지는 기억나지 않지만, 다리를 절뚝거리면서도 항상 웃고 친구들과 잘 놀며 씩씩하게 살았다.

가끔 부끄럽고 힘들 때도 있었지. 하지만 오래 머물지 않고 그런 감정을 툭툭 털어냈다. 매사 긍정적으로 생각하려 노력하다 보니, 그게 신념이 되었으며, 어디에서든 기죽지 않고 살아가는 힘이 되었다.

학창 시절에는 체육 시간에 교실을 지키는 담당이었다. 바깥에 나가도 할 수 있는 것이 아무것도 없었기 때문에, 당연히 교실 지키는 일은 내 차지였지. 운동장에서 친구들이 공을 차고 열심히 달리는 모습을 창문 너머로 지켜볼 때도 이렇게 생각했다. '나는 운동은 못 하지만, 꼭 성공할 거야.'

중학교 때는 자전거를 타고 등하교했다. 3년 동안 하루도 빠

짐없이, 비가 억수같이 내려도 한 손에는 우산을, 한 손에는 핸들을 잡고 산중턱에 있는 학교까지 자전거를 타고 갔다. 힘에 부칠 때면 '나는 할 수 있다, 내가 할 수 있는 건 이것뿐이다.' 하고 되뇌면서 힘껏 페달을 밟았다. 그 결과, 지각 한 번 없이 개근상을 받고 졸업할 수 있었다.

이때 경험이 내 삶에 아주 큰 영향을 끼쳤다. 그 뒤로 어떤 험난한 길이나 어려운 상황을 만나도, 최선을 다하면 목표를 이룰 수 있다고 생각할 수 있게 되었거든. 그런 긍정적인 사고방식이 직장 생활을 할 때나 사업을 시작했을 때 큰 힘으로 작용했다.

동휘야, 잊지 마라. 도저히 내 힘으로 풀 수 없을 것 같은 문제라도 긍정적인 시야로 바라보면 해결 방법이 보인다는 사실을. 매사 긍정의 렌즈로 들여다보는 습관을 가지면, 일도 긍정적으로 풀리고 돈도 모일 것이다.

세 번째, 통찰력 기르기

'통찰력'이라고 하면 거창해 보이지만, 별로 어려운 게 아니다. 현실, 즉 현재 흐름을 파악하고 미래를 준비하는 힘이 바로 통찰력이다. 이것이 없으면 습관대로 살게 된다. 늘 해왔던 대로 반복하게 되고, 더 나아가지 못한다. 성장하지 못하니 당연히 성공할 수도 없다. 세상은 끊임없이 변화하기 때문에 흐름을 읽고, 거기에 맞춰 발 빠르게 움직여야 뒤처지지 않는다.

통찰력을 기르려면 어떻게 해야 할까? 내가 아는 방법은 두

가지다. 하나는 명상이고 또 하나는 책 읽기다. 네가 얼마 전에 명상을 시작했다는 얘기를 듣고 무척 흐뭇했다. 명상을 하면 나를 깊이 살필 수 있지. 다른 차원을 경험하기도 하면서, 지금 상황을 깨닫고 올바른 방향으로 나아갈 수 있게 된다. 너 자신을 깨닫고 세상의 이치를 깨우치려면 명상만큼 좋은 방법이 없다고 본다.

책 읽기도 큰 도움이 된다. 세상은 혼자가 아닌, 다른 사람들과 함께 살아가게 되어 있다. 그러니 다른 이의 생각과 의견을 이해하지 못한다면 독불장군이 되고 말 거다. 나와 다른 사람의 생각을 들여다보고, 그 삶을 간접 경험을 할 수 있는 가장 좋은 방법이 책 읽기다. 책을 읽으면 다른 세상을 느낄 수 있고, 그만큼 이해력과 포용력이 커진다.

책을 통해 폭넓은 지식을 얻기도 하지만, 세상이 돌아가는 흐름을 배우기도 한다. 지금 세상이 어떻게 돌아가는지 알려면, 서점에 가봐라. 매대에 놓인 책들을 쭉 훑어보면 대략 감이 올 거야.

한 권씩 정독하는 것도 좋지만, 여러 권을 훑어 읽는 것도 중요하다. 사람은 자기가 관심 있고 흥미로운 것만 보고 읽으려고 하는 경향이 있다. 그러나 사회 흐름을 알려면, 자기 관심 영역에서 벗어나 전체를 파악하려는 노력이 필요하다. 그래야 현재와 미래를 내다보는 통찰력이 생긴다.

나는 너희에게 책 읽는 습관을 갖게 해주고 싶었다. 그래서 너희가 어렸을 적부터 서점에 자주 데리고 가서, 보고 싶은 것 전부 다 사주겠다고 마음껏 골라보라고 했지.

비록 다른 아버지처럼 몸으로 활발하게 놀아주고, 함께 여행을 다니지는 못했어도, 책을 가까이하고 서점에 다니는 걸 자연스럽게 여기도록 해주고 싶었다. 책이 스승이기 때문이지. 세상의 흐름을 보여주고, 어떻게 하면 되는지 알려주는 친절한 스승인 책을 늘 곁에 두고 살다 보면 돈 버는 이치도 깨닫게 될 거야.

네 번째, 은행에 자주 가기

돈을 많이 벌려면? 돈과 가까이 지내야겠지. 돈이 모이는 곳은? 바로 은행이지! 부자가 되려면 은행에 자주 가야 한다. 요새는 대부분 인터넷뱅킹을 하니까 은행에 직접 찾아가는 사람은 드물다. 하지만 나는 일부러라도 은행에 주기적으로 찾아가는 걸 권한다. 그렇게 하면 내 통장에 돈이 불어나는 걸 좀 더 확실하게 느낄 수 있기 때문이다.

사람들은 단번에 큰돈을 벌고 큰 부자가 되고 싶어 하지만, 그건 거의 불가능한 일이다. 부자가 되려면 돈을 모아야 한다. 적은 돈 한 푼 두 푼이 모여서 제법 많은 돈이 되고, 그 돈이 모여서 정말 큰돈이 될 수 있다. 이건 경험해보지 않으면 결코 알 수 없는 일이다. 그러니 오늘이라도 은행에 가서 통장을 만들어서, 한 푼씩 모아라. 그러면 적은 돈이 큰돈이 되는 기적을 체험할 수 있게 될 것이다.

요즘은 없어진 것 같지만, 내가 학교 다닐 때는 학생들에게 매달 저축하도록 했다. 그때부터 돈 모으는 재미를 맛본 것 같다. 돈이 생길 때마다 모아뒀다가, 저축하는 날이 되면 학교에 가져가서 저축했다. 모은 것이 없으면 어머니를 졸라서 돈을 얻어서 가지고 가서 저축했다. 그 덕분에 '저축왕' 상장도 받았지. 부자가 된 듯이 뿌듯했다.

저축하는 습관은 계속 이어졌다. 난생처음 내 안경원을 차렸을 때, 근처 은행의 은행원들이 매일 장사하는 집집마다 들러서 돈을 저축하도록 돕는 일을 해주었거든. 나는 날마다 3~5만 원씩, 장사 잘된 날은 10만 원씩 저축했다. 그게 어느 순간이 되면, 목돈이 되어 있더라. 그걸로 차도 사고 다른 필요한 걸 사기도 했지. 나중에는 은행 이사장의 표창장도 받았다. 이때도 역시 기분 좋았지.

내가 지금의 부를 이룬 데에 별다른 수는 없었다. 그저 적은 돈을 모아 큰돈으로 만들 줄 알았을 뿐이다. 돈의 소중함을 알고, 허투루 쓰지 않았을 뿐이다. 나는 지금도 종종 은행에 간다. 돈 때문에 은행에 온 사람들, 갖가지 저축 상품을 보면서 돈의 의미를 다시 생각하고 마음을 다잡는다. 결코 어렵지 않으니까, 너도 꼭 해보렴. 작지만 놀라운 변화가 시작될 거야.

다섯 번째, 자기 분야에서 최고 되기

이 마지막 방법이 가장 중요하고 어렵다. 어떤 분야에 있든, 무슨 일을 하든 상관없다. 그저 자기가 속해 있는 그 분야, 업종에서 최고 전문가가 된다면 반드시 부자가 될 수 있다.

처음부터 돈을 바라보고 일한다면 오히려 잘되지 않을 것이다. 돈보다는 능력을 키워서 최고가 되는 것을 목표로 삼고 끊임없이 노력해야 한다. 모든 분야에는 고수가 있지. 그 사람들은 같은 업종의 다른 사람들보다 훨씬 높은 보수를 받고, 일과 더 좋은 기회가 끊이지 않는다. 돈을 굳이 모으려고 애를 쓰지 않아도 저절로 돈이 따르고 모이게 된다.

그런데 고수는 어떻게 될 수 있을까? 남다른 노력, 열정, 끈기로 꾸준히 노력하는 사람만이 고수가 될 수 있다. 거기에 덧붙여, 다른 고수를 찾아가서 배우는 것도 좋은 방법이다. 지난 30년간 나는 전국 방방곡곡에 있는 고수들을 찾아다녔다. 안경업계에서 최고가 되기 위해, 나보다 잘한다는 사람을 죄다 찾아가서 보고, 배우려고 애를 썼다. 심야버스를 타고 새벽 3~4시에야 집에 돌아온 적도 무수히 많았다. 몹시 피곤했지만, 배우는 것에 기쁨과 만족을 느끼면서 나를 발전시켰다. 그게 지금의 나를 만든 것 같다.

너는 어떤 분야에서 최고가 되고 싶니? 네가 잘하고 싶은 분야와 일에서 성공을 거둔 사람을 찾아보길 바란다. 그리고 그 고수를 열심히 관찰하고 따라 해보아라. 그런 식으로 꾸준히 하면서 나름의 노하우를 터득하다 보면 언젠가 너도 네가 몸담은 분야에서 최고가 될 수 있을 거다. 그러면 부와 명예와 권력은 저절로 따라오게 마련이다.

진짜 중요한 건 마음 부자

지금까지 돈을 모으고 부자가 될 수 있는 방법을 살펴보았다. 마음먹기에 따라 쉬울 수도, 무척 어려울 수도 있는 방법들이지. 그런데 모든 부자들 가운데 가장 큰 부자가 있다. 바로 마음 부자다.

마음 부자란, 마음이 넉넉한 사람을 뜻한다. 어떤 상황에 처하더라도 여유롭게 받아들이고 대처할 수 있는 강인한 사람이다.

세상에서 가장 힘이 센 것은 마음이다. 뭐든 해낼 수 있는 강력한 힘은 바로 마음에서 온다. 마음만 먹으면 못할 게 없다. 그러므로 나는 네가 그 어떤 부자보다 마음 부자가 되기를 바란다.

마음 부자가 되는 방법은 여러 가지가 있을 수 있다. 그중 가장 좋은 방법이 종교를 가지는 것이다. 꼭 어떤 종교만이 옳다는 건 아니다. 부처님이든 하나님이든, 네가 끌리는 대로 믿고 의지할 대상을 선택하면 된다.

살다 보면 그 어떤 사람에게도 위로받을 수 없을 때가 찾아온다. 그럴 때 절대자에게 도움을 요청하면, 신기하게 해결책을 발견할 수 있게 된다. 이미 자기 안에 해결 방법이 있는 경우가 많다. 스스로 길을 찾도록 돕는 것이 바로 종교라고 생각한다.

부처님, 하나님 말씀에 귀를 기울이다 보면, 현실을 바라보는 눈이 달라지고 지혜와 용기, 여유가 생겨난다. 그런 마음가짐으로 세상을 살아가면 무서울 것이 없어진다. 그런 단단한 마음으로 돈 부자도 될 수 있으니, 마음 부자는 이미 돈 부자인 셈이다. 네가 어떤 조건에서도 여유를 가지고 감사할 줄 아는 마음 부자가 되기를, 넉넉한 마음으로 남에게도 기꺼이 베풀 줄 아는 진짜 멋진 부자가 되기를 기원한다.

돈

돈이 뭘까?

- 돈을 관리하지 않고 모아놓기만 하면 쓰레기처럼 변한다.
- 돈을 많이 벌고 싶으면, 그릇부터 키워라.

진짜 부자 VS 가짜 부자

- 돈을 좇지 말고 돈이 나를 따라오게 해라.
- 돈은 가치 있게 써줄 사람에게 모여든다.

내 집 마련을 하려면?

- 포기하지 않으면, 꿈은 이루어진다.
- 인생의 목표를 향해 꾸준히 나아가다 보면 언젠가 집도 생길 것이다.

돈, 어떻게 벌어야 할까?

- 돈보다 일에 집중해라.
- 돈을 얼마나 버느냐 하는 문제는 신의 영역이다.
- 최선을 다해 일하고 주어진 결과를 겸허히 받아들여라.

돈의 힘

- 돈 앞에서는 무엇이든지 고개를 숙인다.
- 원칙을 지켜야 오래 갈 수 있다.

부자가 되는 법

- 큰 부자는 하늘의 도움을 받아야만 될 수 있다.
- 일찍 일어나는 습관, 돈을 가까이하는 습관, 긍정적 마인드, 세상의 흐름을 읽는 통찰력, 몸담은 분야에서 최고가 되려는 노력 등을 통해 누구나 부자가 될 수 있다.
- 어떤 조건에서도 감사할 줄 아는 마음 부자가 되어라.

부모님 돈은 내 돈일까?

- 자식에게 돈이 아닌 성공하는 습관을 물려줘라.
- 부모의 재산과 권력을 믿지 말고, 홀로서기를 해라.

"인생을 별 무리 없이 잘 살기 위해서는 올바른 기준과 좋은 습관을 가져야 한다. 가치관과 소신을 가지고 규칙적이고 건강하게 생활하는 사람에게는 웬만해서는 큰일이 벌어지지 않는다."

Chapter
05

인생

끊임없는 노력과 도전으로 성장하는

인생은 양파 까기다

까면 깔수록 눈물이 난다

동휘야, 요즘 너를 보면 참 대견하기도 하고 신기하기도 하다. 꼬물꼬물 기어다니면서 온 집안을 헤집고, 우당탕탕 뛰어다니면서 말썽을 부리던 네가 벌써 스물여덟 살 의젓한 청년이 되다니. 세월이 빠르다는 사실을 새삼 깨닫게 된다.

어른이 되어보니 어떠니? 어릴 적에 꿈꾸던 것과는 많이 다르지? 많은 사람이 어릴 적에는 빨리 어른이 되고 싶어 한다. 나도 그랬던 것 같다. 어서 어른이 되어서 내가 먹고 싶은 것 다 먹고, 하고 싶은 것 다 하면서 살고 싶었다. 하지만 막상 어른이 되고 보니, 좋은 것보다는 힘들고 버거운 일이 더 많다는 걸 깨닫게 되더라. 자유보다 책임이 훨씬 많다는 것을 그제야 알게 되었지. 그래도 어쩌겠니. 어른으로서 할 일을 하면서 사는 수밖에.

며칠 전 네 동생 준영이가 카레를 먹고 싶다고 했다. 그래서 다 같이 카레를 만들어 먹기로 했지. 준영이와 내가 양파를 까게 되었는데, 난생처음 양파 까기를 해본 준영이는 금세 눈이 따갑다면서 도망가버렸다.

결국 혼자서 양파를 다 까면서 든 생각이 있다. 인생이 양파 까기와 비슷하다는 생각이었다. 양파를 까다 보면 처음에는 쉬운 듯이 느껴진다. 하지만 겉껍질을 벗겨내고 속의 껍질을 까면 깔수록 눈이 따갑고 눈물이 나게 된다. 그러나 눈물이 줄줄 흘러도, 음식에 양파를 넣으려면 꾹 참고 그 과정을 견디며 깨끗이 벗겨내야 한다.

인생도 그런 것 같다. 무엇이든 거저 주어지는 것은 없다. 내가 원하는 것, 이루고자 하는 목표를 성취하려면 괴롭더라도 참고 거듭해보는 수밖에 없다. 힘든 과정을 끝까지 견뎌내면, 마침내 흰 양파 속살처럼 환한 세상이 열린다. 그 새로운 경지에 다다르기 위해, 오늘도 수많은 사람이 자기 자리에서 저마다 인생의 양파를 까고 있다.

만약 눈이 따갑다고, 까면 깔수록 눈물이 난다고, 양파 까기를 멈춘다면 어떻게 될까? 맛있는 카레를 먹을 수 없을 것이다. 양파 없는 카레! 한번 생각해봐라. 보기에도 먹음직스럽지 않을 거야. 또한 양파를 오랫동안 지긋이 볶다 보면 매운 향은 사라지고 인생에서 하나의 과제를 성공한 것처럼 달콤한 맛까지 난다. 이렇게 맛 좋은 카레를 먹기 위해 눈물 콧물이 나도 참고 양파를 까듯이,

좋은 인생을 살고 싶다면 피눈물이 나더라도 포기하지 말고 계속 도전하고 노력해야 한다.

까다 보면 내공이 생긴다

인생을 사는 건 쉽지 않다. 날마다 새로운 양파 까기에 도전하면서 시도 때도 없이 눈물을 흘리게 된다. 하지만 계속 괴롭기만 한 것은 아니다. 양파를 많이 까다 보면 좀 수월하게 양파 까는 요령을 터득하게 되듯이, 인생 또한 하나둘 어려움을 격파하면서 나아가다 보면 조금씩 삶의 지혜를 얻게 된다. 그런 지혜가 많이 쌓이면 웬만한 일은 거뜬히 해낼 수 있게 된다.

나도 지금까지 인생의 양파를 숱하게 까왔고, 여전히 까고 있다. 처음 안경원을 차렸을 때는 정말 막막했다. 아무것도 가진 것이 없는 상태에서 '과연 내가 잘할 수 있을까?' '어떻게 하면 성공할 수 있을까' 밤낮 고민하면서 인생의 양파를 까고 또 깠다.

첫 안경원 운영을 성공한 뒤에도 양파 까기는 계속되었다. 한 군데에서 자리 잡은 뒤에는 더 넓은 곳에 가서 도전했고, 거기서 어느 정도 안정을 이루면 또 새로운 곳을 찾아 도전했다. 그렇게 인생의 양파를 끊임없이 까다 보니까 진정한 내 인생의 양파를 찾을 수 있었고, 쉽게 양파 까는 방법도 터득했다.

아마 너도 인생의 양파를 까고 있을 것이다. 네 인생의 양파는 어떤 것인지 궁금하다. 눈이 따갑다고, 힘들다고 포기하지 않기를 바란다. 하얀 속살의 양파를 만날 때까지 참고 도전을 거듭하다 보면, 언젠가 네가 원하는 인생의 양파를 얻을 수 있을 테니까.

힘들게 깐 양파를
남에게 건네는 멋진 사람

동휘야, 사람은 세 부류로 나뉘는 것 같다. 첫 번째는 남의 돈을 벌어주기 위해서 태어난 사람, 두 번째는 내 돈을 벌기 위해 태어난 사람, 그리고 세 번째는 내 돈을 벌어서 남에게도 주기 위해서 태어난 사람이다.

첫째, 남의 돈을 벌어주기 위해 태어난 사람은 인생에서 힘든 도전, 즉 양파 까기를 하지 않는다. 왜 내가 눈물까지 흘리면서 힘들게 일해야 하느냐고 따지면서, 쉽고 편한 일만 찾아서 한다. 이런 사람은 자기가 번 돈을 고스란히 남에게 가져다주는 일밖에는 할 수가 없게 된다.

둘째, 내 돈을 벌기 위해 태어난 사람은 자기 자신과 가족을 위해 힘든 일도 견디면서 한다. 인생의 양파 까기를 하는 사람이지. 하지만 어느 정도 안정을 이룬 뒤에는, 굳이 필요가 없기 때문에 새로운 양파 까기에 도전하지 않는다.

셋째, 내 돈을 벌어서 남에게도 주기 위해 태어난 사람은 위의 두 부류와는 차원이 전혀 다른 삶을 산다. 이 사람은 인생의 양파 까기에 도가 트인 사람이다. 수많은 양파를 까보았기에 양파 까기의 요령도 알고 그 보람도 안다. 그래서 끊임없이 새로운 양파를 깔 뿐만 아니라, 자기가 깐 양파를 남에게 건네기도 하고 남의 양파 까기를 돕기도 한다.

이런 부류의 사람들이 뉴스에 가끔 소개되기도 한다. 평생 힘들게 일해서 모은 재산을 다른 곳에 기부하는 사람, 어려운 이웃에게 선뜻 도움의 손길을 내미는 사람이 바로 그 부류의 사람들이지. 얼마나 멋있는 인생이냐. 많은 사람이 이런 사람들을 대단하다며 칭찬한다. 하지만 자기도 그렇게 살겠다며 나서는 사람은 거의 없다. 자기 몫의 양파를 까는 것만도 무척 힘이 들기 때문이다.

하지만 나는 세 번째 부류의 사람이 되고 싶다. 내 인생의 양파를 부지런히 까면서 남의 양파 까기에도 도움을 주고 싶다. 그리고 강요할 수는 없지만 너도 나와 함께 이런 보람된 삶을 살아가면 좋겠다는 꿈을 품어본다. 언젠가 이 꿈을 이루게 되기를 바라면서 나는 오늘도 열심히 인생의 양파를 깐다.

인생의 패턴을 읽어라

세상의 변화에는 패턴이 있다

세상이 변화하는 데에 일정한 패턴이 있다. 낮과 밤, 봄·여름·가을·겨울이 차례로 되풀이되듯이 자연과 세상의 흐름을 가만히 살펴보면 정해진 주기에 따라 비슷한 모습으로 변화하고 있음을 깨닫게 된다. 만약 세상이 어떻게 변화할지 미리 내다볼 수 있다면, 알맞게 대비할 수 있을 것이다. 오늘은 내가 지금까지 세상을 관찰하면서 알게 된 세상의 패턴에 대해 이야기해주고자 한다.

세상은 대략 10년 주기로 큰 변화를 겪는 것 같다. 내 인생에서 맨 처음 맞이한 큰 변화는 1997년 IMF 외환위기였다. 이때 나는 친구와 함께 대구에서 안경원을 운영하고 있었지. 둘이서 전재산에 대출까지 받아서 야심 찬 도전을 한 지 얼마 되지도 않아서 크나큰 국가 재난 상황을 맞이하게 된 것이다.

수많은 기업이 줄도산을 하고, 많은 사람이 하루아침에 일자리를 잃었다. 날마다 뉴스에서는 어두운 소식이 흘러나오고, 말 그대로 나라 전체의 위기였다. 이런 상황에서 친구와 나는 살아남기 위해 더욱 열심히 하는 수밖에 없었다. 일은 벌여놨고 대출금도 갚아야 했기 때문에, 허리띠 졸라매고 최선을 다해 일했지. 하루도 안 쉬고 열세 시간씩 근무하면서, 고객 만족을 위해 온 힘을 쏟았다. 내 인생에서 가장 뜨거웠던 시절이었다.

나와 친구의 엄청난 노력과 고급화 전략으로 첫 번째 위기는 무사히 넘길 수 있었다. 그런데 그로부터 10년 뒤 또 다른 고비가 찾아왔지. 바로 2007년 미국 서브프라임 모기지 사태로 시작된 세계 금융 위기였다. 이때도 나는 한창 사업을 하고 있었다. 전 세계 경제가 위축되었고 우리나라도 커다란 타격을 입었지만, 나는 이미 한 차례 큰 어려움을 겪어본 터라 남보다 수월하게 그 시기를 넘어갈 수 있었다.

그리고 다음 위기는 2019년 코로나 사태다. 너도 경험했지만, 이제까지와는 차원이 다른 위기였고, 여전히 끝나지 않은 문제다. 자연이 우리에게 보내는 엄중한 경고와도 같은 이 문제를 우리는 어떻게 해결할 수 있을까? 부디 이번 일을 계기로 자연의 소중함을 더욱 깊이 새기고, 더불어 조화를 이루는 삶으로 변화해나갈 수 있기를 바랄 뿐이다.

코로나 사태로 인해 크고 작은 기업들이 큰 피해를 봤다. 문을 닫는 가게들도 정말 많았지만, 나는 철저한 고객 관리를 통해 많은 고객을 확보하고 있었고 늘 멀리 보면서 미래를 준비해왔기 때문에 매출 하락 없이 잘 견뎌내고 있어. 참으로 다행스러운 일이지.

이러한 일들을 겪으면서 세상일에는 패턴이 있다는 사실을 깨달았다. 그 일정한 흐름을 발 빠르게 읽고 준비하기 위해 열심히 노력했고, 그 덕분에 위기가 닥쳐왔을 때 크게 흔들리지 않고 대처할 수 있었다.

인생의 흐름을 타라

사람의 인생 또한 일정한 흐름을 가지고 있는 것 같다. 그 흐름에 따라 알맞은 준비와 노력을 하면, 성장할 수 있다고 본다.

내 인생은 크게 20년 주기로 변화해왔다.

첫 변화의 시점은 스물세 살에 안경원을 처음 열었을 때다. 인생을 내건 도전이었지. 나의 주된 무기는 '안경광학과 졸업'이라는 타이틀이었다. 안경사 제도가 만들어진 지 얼마 되지 않은 때여서, 안경광학과를 졸업한 안경사에 대한 기대와 신뢰가 몹시 컸다. 그전까지는 자격증 없는 사람이 안경을 맞춰줬는데, 대학에서 안경광학을 전공한 전문 인력이 안경을 맞춰준다니까 당연히 그쪽으로 고객들이 몰리겠지. 어떻게 보면 안경사에 대한 신뢰도 때문에 내가 첫 번째 도전에서 성공할 수 있었던 것 같다.

두 번째 변화는 마흔두 살 때쯤 찾아왔다. 대구에서 프랜차이즈 사업을 하다가, 수도권으로 확장 이전을 하기로 마음먹은 때였다. 지방에서 사업을 계속하다 보니 어느 순간 한계가 느껴지더라고. 더 넓게 뻗어나가기 위해 수도권 이전을 결정하고, 새로운 도전을 했다. 이때 주된 무기는 전국 안경 제조업체의 80%가 모인 안경산업 중심지 대구 출신이라는 점이었다. 그 이점을 잘 살려서 낯선 지역에서 빠르게 성장할 수 있었다.

그리고 이제 오십대로 접어들어, 인생을 되돌아보니 세 번째 도전은 육십대쯤에 하는 게 좋을 것 같더라. 도전의 내용은 '세계 시장 진출'이다. 정말 큰 도전이지. 전 세계 사람들에게 사랑받는 K-문화를 무기로 삼아, 한국 안경의 우수성과 전문성을 세계에 널리 알리고 싶다. 이 목표를 가지고 앞으로 5~6년 동안 철저하게 준비해서 당당히 도전장을 내밀 계획이다. 내가 성공할 수 있을지 옆에서 지켜봐주면 좋겠다.

이처럼 세상과 자연, 인생에는 흐름이 있다. 그 흐름을 미리 알고 준비하는 자만이 커다란 변화의 순간을 기회 삼아, 성장할 수 있다. 네 인생에는 어떤 패턴이 있니? 네 삶이 어떠한 주기로 변화하고 있는지 그 흐름을 쭉 정리해보길 권한다. 지금까지 변화 모습을 살펴보면, 앞으로 나아갈 방향을 알 수 있을 거야.

세상에 불어닥친 세 차례 커다란 변화의 물결을 경험하고, 20년 주기로 내 삶에 찾아온 도전의 시기를 맞이하면서, 참 이상한 점을 발견했다. 그것은 어려움이나 큰 변화 뒤에 늘 한 차원 더 높은 발전과 성장이 이루어진다는 점이다. 이 또한 세상과 인생의 패턴이겠지.

그러니 동휘야, 고통이라는 터널을 지나고 나면 눈부신 햇살이 기다리고 있다는 사실을 꼭 기억해라. 지금 힘든 일도 지나고 보면 소중한 추억이 될 거야. 항상 새로운 흐름이 다가오고 있음을 잊지 말고, 현재에 충실하되 미래를 착실하게 대비할 줄 아는 슬기로운 삶을 살아가길 바란다.

인생은 운전과 비슷하다

정확한 기준, 좋은 습관

4년 전쯤이었나. 당시에 거의 새 차였던 내 차를 네가 운전해 함께 미용실에 간 적이 있었지. 한참 잘 가다가 지하 주차장에 들어설 때 네가 커브를 잘못 도는 바람에 그만 차 뒷바퀴를 긁고 말았다.

조금 마음이 상했지만 내색하지 않고 네게 물었다. 커브를 돌 때 어디를 기준점으로 삼느냐고. 그랬더니 너는 "그냥 하는데요" 하고 답했다. 그래서 내가 아는 방법을 찬찬히 알려주었다. 오른쪽으로 돌 때는 왼쪽 보닛 가장자리를 기준점으로 삼고, 반대로 왼쪽으로 돌 때는 오른쪽 보닛 가장자리를 기준점으로 해서 돈다고 말이야.

그리고 얼마 뒤에 대구로 출장을 갔지. 그때도 나는 네게 운전대를 맡겼다. 너는 차를 몰면서 차선 변경 요령을 물어봤다. 그래서 또 내가 쓰는 방법을 알려줬지. 운전대를 10~15도 정도만 돌리고 천천히 사선으로 들어가면, 설령 내가 뒤차를 못 봤다 해도 부딪치지 않는다고.

그로부터 며칠이 지나서 네가 이렇게 말했던 걸 기억한다. 내가 알려준 대로 했더니 정말 신기하게 차선 변경이 쉬워지고, 운전에 자신감이 붙었다고 말이야. 그 얘기를 들으니 마음이 흐뭇했다.

이처럼 안전 운전을 하려면 정확한 기준점과 좋은 습관, 요령을 가지고 있어야 하지. 그런데 인생도 마찬가지다. 인생을 별 무리 없이 잘 살기 위해서는 올바른 기준과 좋은 습관을 가져야 한다. 자기만의 옳고 바른 기준, 즉 가치관과 소신을 가지고 규칙적이고 건강하게 생활하는 사람에게는 웬만해서는 큰일이 벌어지지 않는다. 어쩌다 어려운 문제가 나타나도, 평소 소신대로 잘 해결해나갈 수 있다.

인생에도 방어 운전이 필요해

하지만 안타깝게도, 운전을 할 때든 인생을 살아갈 때든 뚜렷한 기준 없이 함부로 행동하는 사람들이 세상에는 더 많다. 이런 사람들은 상황에 따라서 이랬다저랬다 하면서 타인과 스스로를 위험에 빠뜨린다. 이런 사람들이 만든 해로운 상황에 빠져들지 않으려면 과연 어떻게 해야 할까?

나는 예측 불가능하고 변화무쌍한 도로와 인생살이에 꼭 필요한 것은 '방어 운전'이라고 생각한다. 운전을 하다 보면 갑자기 브레이크를 밟는 사람도 있고, 신호 위반을 하거나 무리하게 끼어드는 사람도 있다. 그래서 늘 주위를 살피면서 주변 차량의 움직임을 예측하고 그 차들이 내 진로를 방해하지 않을까 경계하면서 조심조심 운전하는 방어 운전을 해야 한다. 그러면 다른 차들이 진로를 방해해도, 내가 예측하고 대비했기 때문에 사고를 피해 갈 수도 있고, 어쩔 수 없이 사고가 나더라도 피해를 최소화할 수 있다.

인생도 똑같다. 내가 아무리 바른 신념을 가지고 열심히 살아도, 주위에 경쟁자가 나타나거나 생각지도 못한 변수가 생길 수도 있거든. 그러니까 항상 시대의 변화를 주시하고 주위 경쟁자들의 움직임을 예측하면서 긴장감을 가지고 살아야 한다. 내가 잠깐 방심한 사이, 공들여 쌓은 탑이 와르르 무너질 수 있음을 기억하면서 대비해야 한다.

세상은 참 냉정하더라. 실력이나 가진 것이 없고, 실수하면 가차없이 버림받을 수 있는 것이 사람의 인생이더라. 지금까지 살면서 자만심 때문에 망하는 사람을 숱하게 봤다. 그러니 동휘야, 잘나갈 때가 실은 가장 위험한 때라는 걸 명심해라. 항상 정확한 기준점과 좋은 습관을 지키면서 인생의 방어 운전을 잘할 수 있기를 바란다.

위기는 위대한 기회다

가끔 운전을 하다 보면, 느닷없이 앞에 와서 끼어드는 차가 있다. 그 차가 내가 가는 곳마다 따라오면서 진로를 방해하면 엄청 짜증이 나지. 인생에도 이렇게 끼어드는 경쟁자가 나타난다. 경쟁자가 내 앞을 가로막으려고 할 때는 두려워하지 말고 정면 돌파해야 한다.

사람들은 대체로 경쟁을 두려워하고 피하고 싶어 한다. 하지만 경쟁은 성장에 좋은 발판이 된다. 정정당당하게 맞붙어 경쟁하면서, 많은 걸 배우게 되고 미처 알지 못했던 많은 것을 깨달으며 더 큰 힘을 가지게 되기 때문이다.

나도 경쟁을 통해 많이 성장할 수 있었다. 수많은 경쟁을 했고, 지금도 하고 있지만 가장 기억에 남는 경쟁에 대해 이야기해 줄 테니 잘 들어봐라.

내가 삼십대 초반에 있었던 일이다. 한창 열정을 가지고 장사에 매진하고 있었지. 내 매장이 어느 정도 유명세를 타면서 매출도 올랐는데, 갑자기 옆에 큰 안경 매장이 들어섰다. 그 매장의 사장은 나보다 나이도 많고 재력도, 인맥도 좋은 거물이었다. 모든 면에서 나는 비교도 안 될 만큼 막강한 경쟁 상대였지.

그런 사람이 내 매장 바로 옆에 보란 듯이 크고 번쩍번쩍한 새 매장을 연다니까 엄청 겁이 났다. 나는 '큰일 났다, 이제 끝났구나' 하는 생각에 불안해서 잠도 안 오고 근심과 걱정으로 하루

하루를 보냈다. 머리를 싸매고 끙끙댄 지 며칠이 지나자, 오기가 생기더라.

'그래, 하늘이 무너져도 솟아날 구멍이 있다 했지. 한번 해보자! 내가 어떻게 여기까지 왔는데. 죽기로 싸워보자!'

제대로 승부를 겨뤄보기로 마음먹고, 상대에 대한 정보 수집부터 하기 시작했다. 상대가 어떤 사람인지 정확하게 알아야 이길 수 있으니까, 그 사람에 대해 샅샅이 조사해봤다. 그 결과 상대의 장단점이 명확하게 눈에 들어오더라. 상대편의 제일 큰 단점은 주인이 직접 일하지 않고 직원들에게 대부분 업무를 위임한다는 것과 정찰제로 물건을 판다는 것이었다.

나는 그 단점을 적극 활용해, 모든 계획과 전략을 짰다. 먼저, 내가 늘 매장에서 운영 전반을 철저하게 챙기되, 직원들이 자율성을 가지고서 일할 수 있도록 이끌었다. 그리고 정찰제 매장을 이길 수 있는 카드로 '할인 판매'를 내밀었지. 거기에다 입소문을 활발하게 퍼뜨리기 위해서 "자전거 300대를 드립니다"라는 이벤트를 실시해 주목을 끌었다.

이렇게 한 지 얼마 뒤에 상대는 백기를 들었다. 강력한 상대에게 맥없이 나가떨어질 거라고 벌벌 떨었는데, 결과는 우리의 승리였다. 상대와 경쟁을 벌이는 동안 우리 매출은 오히려 상승했고, 매장 방문 고객 수도 늘어났다. 이때 나는 경쟁이란 힘든 것만이 아니고, 성장에 좋은 발판이 될 수 있음을 깨달았다. 인생의 소중한 교훈을 얻은 값진 경험이었다.

동휘야, 이렇듯 살다 보면 난데없는 일이 시도 때도 없이 벌어진다. 그럴 때를 대비해, 늘 좋은 습관과 명확한 가치관을 가지고 조심히 살펴가며 살기를 바란다. 그리고 경쟁자나 장애물이 눈앞에 떡하니 나타난다면, 두려워하지 말고 씩씩하게 정면 돌파해라. 인간은 어려운 문제를 해결하면서 성장해가는 거니까.

세상은 어떻게 보느냐에 따라 전혀 다른 모습으로 변할 수 있다. 위기는 '위대한 기회'일 수도 있지. 그 기회를 제대로 잡아서 한층 더 자라나고, 힘을 키우는 현명한 사람이 되기를 바란다.

아마 지금 포스트코로나 시기가 그런 위기이자 성장의 기회인 것 같다. 어떻게 험난한 고비를 무사히 넘기고 한 발짝 더 나아갈 수 있을지는 잘 모르겠다. 나도 한창 공부하고 있는 중이어서, 네게 뭐라고 조언해주기는 어렵다. 하지만 확실한 건 이때까지와는 전혀 다른 새로운 세상이 펼쳐지고 있다는 점이다.

이 새로운 시대에 우리 함께 도전하면서 성장해나가자. 어쩌면 앞으로는 네가 내게 더 많이 가르쳐줘야 할지도 모르겠다. 서로 가르쳐주고 배우면서 같이 나아가면 좋겠다.

행복하려면 어떻게 해야 할까?

인간 욕구의 단계

며칠 전에 갑자기 무릎이 아파서 걸을 수 없게 되었다. 몇 년 전에 넘어져서 다친 무릎의 통증이 재발한 것이다. 꼼짝할 수 없어서, 출근도 못 하고 5일 동안 집에만 머물러 있었다.

아무 데도 갈 수 없는 답답한 신세가 되고 보니, 할 수 있는 건 생각뿐이더라. 그래서 모든 식구가 자기 할 일을 하러 나간 뒤 빈 집에서 많은 생각을 했고, 덕분에 새로운 깨달음도 얻을 수 있었다. 무엇보다 크게 느낀 건 건강의 중요성이었다. 내 몸이 아프고 걸을 수 없으면 할 수 있는 게 아무것도 없다는 사실을 새삼 깨달았다.

그리고 행복에 대해서 생각해봤다. 나는 지금 행복한가, 무엇이 진정한 행복인가…. 생각이 꼬리를 물고 한없이 이어졌다. 딱

정해진 답이 없는 문제이기에 더욱 생각은 깊어만 갔다.

행복에 대해 생각하다 보니 예전에 읽었던 '욕구 충족'에 관련된 이야기가 떠올랐다. 인간에게는 수많은 욕구가 있지. 미국 심리학자 에이브러햄 매슬로는 1943년에 발표한 논문에서 욕구 단계 이론을 발표하면서, 인간의 욕구를 다섯 단계로 구분했다. 그 욕구란 생리적 욕구, 안전의 욕구, 애정과 소속의 욕구, 존경의 욕구, 자아실현의 욕구이다.

매슬로는 생존과 곧장 연결된 맨 밑의 생리적 욕구부터 맨 위의 자아실현 욕구까지 차례대로 충족시킬 수 있다고 보았다. 즉, 생리적 욕구가 충족되어야 그 위 단계인 안전 욕구를 추구할 수 있고, 그렇게 단계를 밟아 자아실현 욕구에 이르게 된다는 것이다.

많은 사람이 공감하는 그 욕구 단계 피라미드를 젊었을 적 보았을 때에는 내 시선이 가장 아래층인 생리적 욕구에만 머물러 있었던 것 같다. 먹고사는 데 급급한 시절이었기 때문에 윗부분의 욕구에 대해서는 감히 상상조차 할 수 없었다.

하지만 세월이 흘러서 어느 정도 삶이 안정된 지금, 내 관심은 맨 위에 있는 존경 욕구와 자아실현의 욕구에 가 있다. 그 욕구들을 충족시키기 위해 여전히 노력하고 있지만, 역시 쉽지 않은 것 같다. 그래도 아래 단계에 머물러 있던 30년 전에 비하면 많이 성장했고 수준이 높아졌지.

스스로 넉넉함을 느끼는 만족

생존하기에 급급했던 지난날에 비해 삶의 형편은 훨씬 좋아졌지만, 여전히 행복은 멀게만 느껴진다. 사람들은 행복의 조건으로 자족하는 삶을 꼽는다. 자족이란 '스스로 넉넉함을 느끼는 것'이다. 무엇 또는 누군가가 넉넉하게 채워줘서가 아니라, 자기 자신이 넉넉하다고 느끼는 것이다. 그러니까 어떤 형편에서든 마음먹기에 따라서 만족하며 사는 것은 가능하다.

하지만 그 마음먹는 일이 쉽지 않다. 자족과 비슷한 뜻을 지닌 '만족'은 '찰 만(滿)'에 '발 족(足)'이 합쳐져 만들어진 낱말이다. 그 뜻에 대해서는 여러 의견이 있다. 어떤 사람은 발까지 채우는 것, 즉 가득 채우지 않고 적당한 정도로만 채우는 상태를 말한다고 하기도 하고 또 다른 사람은 만 개의 발이라는 의미로 보아서, 발로 열심히 뛰어야 얻을 수 있는 것을 말한다고 주장하기도 한다.

두 의견 모두 일리가 있다고 본다. 만족하는 마음은 적당히 채우는 데서도 오고, 발로 열심히 뛴 보상으로도 오니까. 이 두 가지를 종합하자면, 만족은 열심히 최선을 다해서 목표를 향해 두 발로 달려가면서, 그때마다 주어지는 조건과 상황에 감사하는 것인 듯하다. 온 의지를 다해 노력한 결과를 겸허하게 받아들이고, 넉넉하게 누리는 것이다. 그런 누림이 가능할 때 비로소 행복이 찾아오는 것 아닐까 싶다.

경제적 자유와 자아실현

그런데 요즘 사람들, 특히 많은 젊은 사람들이 행복의 조건에 대해 조금 오해하는 것 같다. 물질적인 것, 곧 돈이 있으면 행복은 저절로 따라올 거라고 생각하는 듯하다. 물론 틀린 것은 아니지. 늘 네게도 강조했지만, 경제적 자유는 무척 중요하다. 앞서 얘기한 매슬로의 욕구 단계에도 가장 아래에 있는 생리적 욕구와 안전 욕구가 충족되어야 보다 심오한 차원의 욕구를 바라보고 추구할 수 있게 된다고 나와 있다.

그렇다. 사람은 의식주가 확보된 뒤에야 삶의 의미도 생각할 수 있고, 함께 살아가는 이웃도 둘러볼 여유가 생긴다. 하지만 돈이 있다고 해서 사는 보람과 의미가 저절로 채워지는 건 아니다. 돈 이상의 행복은 스스로 만들어가야 하는 것이지.

동휘야, 공부와 사업을 병행하면서 경제적 자유를 이루고 삶의 목표를 성취하기 위해, 밤낮없이 전력 질주하는 너를 보면 흐뭇하기도 하고 때로는 안쓰럽기도 하다. 생리적 욕구와 안전 욕구를 채워가면서 사랑받고 존경받는, 나중에는 자아실현까지는 이루는 모습을 꼭 보고 싶다.

그러나 열심히 두발로 뛰되, 매순간 삶의 기쁨과 즐거움도 넉넉히 누리길 바란다. 그리고 나의 자아실현을 넘어서 다른 이의 만족과 행복에도 관심을 갖는 진정한 인생의 승리자가 되기를 빈다. 나도 그 목표를 향해 열심히 달려가고 있다. 저마다 무사히 목표점에 다다를 수 있도록 서로 격려하며 나아가자.

운명은 바꿀 수 있다

눈 밝은 스승을 찾아라

세상에 태어나 하나둘 경험하고 자라면서, 조금씩 깨닫게 되는 것이 있다. 모든 사람이 저마다 다른 환경과 조건에서 살아간다는 것이다. 어떤 사람은 부잣집에서 태어나 평생 손에 물 한 번 안 묻히고 산다. 또 다른 사람은 다 쓰러져가는 판잣집에서 나고 자라면서, 온갖 궂은일을 쉬지 않고 하지만 자기 집 하나 가져보지 못한 채로 생을 마감한다.

이런 걸 보면 인생은 참 불공평한 것 같다. 아무리 노력해도 이해가 잘 되지 않는 것이 정말 많다. 좋은 집에서 태어나 줄곧 승승장구하는 사람을 두고 '운이 좋다'고 한다. 반대로 무얼 해도 잘 안 풀리는 사람을 일컬어 '운이 나쁘다'고 말한다.

그런데 동휘야, 운이라는 게 대체 뭘까? 사람들이 말하는 것처럼 좋은 운과 나쁜 운은 타고나는 것이고, 절대로 바뀌지 않는 것일까?

지금까지 50년 넘게 산 경험에 비추어 보면, 세상에 인간의 노력을 넘어선 어떤 힘, 곧 운이라는 것이 분명 작용하기는 하는 것 같다. 인간의 이성으로는 설명할 수 없는, 보이지 않는 힘이 여러 가지 일을 좌우하는 것을 나도 종종 경험해봤거든.

하지만 그 운이 특정한 사람에게만 유리하게 작용하는 건 아닌 듯하다. 어떻게 생각하고 행동하느냐에 따라서 나빴던 운이 좋아질 수 있고, 좋았던 운도 나빠질 수 있다. 그러니까 운명은 하나로 고정되어 불변하는 것이 아니고, 삶의 주체인 인간의 결단과 노력에 따라서 얼마든지 바뀔 수 있는 것이다.

그렇다면 어떻게 운명을 바꿀 수 있을까? 사람과 사람이 어우러져 살면서 인생이 엮여감을 생각해보면, 새 운명은 새로운 인연을 통해서 오게 됨을 알 수 있다. 새로운 사람을 만나면서 새로운 운명이 시작될 수 있는 것이지.

감을 예로 들어볼게. 돌감은 작고 씨가 많으며 품질이 좋지 않은 감인데, 이 감에 단감을 접붙이기만 하면 단감이 된다. 맛없는 감이 맛있는 감을 만나, 맛있는 감으로 새롭게 태어나는 것이다. 사람 또한 마찬가지라고 생각한다. 부족하고 보잘것없는 사람이라도 누구를 만나느냐에 따라 얼마든지 변화할 수 있다.

네가 알다시피, 나는 흙수저 중의 흙수저지. 누가 봐도 돌감의 운명을 가지고 태어난 내가 지금 단감의 운명으로 살게 된 비결은 눈 밝은 스승을 끊임없이 찾아다닌 것이다. 나는 잘하는 것도, 가진 것도 없었기 때문에 뛰어난 사람, 곧 고수를 찾아서 배우는 수밖에 없다고 판단했다.

그래서 책과 방송, 주위 사람들 소개를 통해 알게 된 수많은 고수들을 만나러 전국을 돌아다녔다. 고수는 가까이에도 있고, 저 멀리에도 있더라고. 거리에 상관없이 온갖 고수를 찾아다니며 열심히 배웠고, 그 덕분에 사업도 잘 풀리고 보람 있는 삶을 살 수 있게 되었다.

눈 밝은 스승을 찾아서 배우는 것이 중요한 이유는 그 스승이 경험으로 터득한 것을 가장 쉽고 빠르게 얻을 수 있는 방법이기 때문이다. 언젠가 네가 깨끗하게 면도하는 방법을 몰라서 물었을 때 내가 권해준 면도기 하나로 네 고민이 단번에 해결되었듯이, 세상 거의 모든 일에는 그것을 먼저 경험한 선배들이 있고 정답을 이미 알고 있는 스승이 존재한다. 그 스승을 찾아서 비결은 배운다면, 문제가 훨씬 쉽게 풀리고 운 또한 좋아질 것이다.

남의 마음을 내 마음처럼 헤아려줘라

운명을 바꾸는 두 번째 방법은 남의 마음을 헤아려가며 살아가는 것이다. 전에도 얘기했듯이, 사람은 혼자서 살 수 없다. 다른 사람과 더불어 영향을 주고받으며 살아간다. 내가 바라는 목표를 이루기 위해서는 남의 도움이 반드시 필요하다. 그리고 남의 도움을 받으려면, 그만큼 나도 남을 위해주고 도와줘야 한다.

이처럼 남을 위하거나 이롭게 하는 마음을 '이타심'이라고 부른다. 나는 사업을 할 때도 항상 이타심을 가지려고 노력한다. 견적을 받는 경우를 예로 들어보면, 사람들은 사업할 때 업종 불문하고 견적을 받는다. 몇몇 업체에 견적을 받고 비교해서 그중 가장 합리적 조건을 제시하는 곳과 계약 후 사업을 진행시킨다.

하지만 나는 여러 업체에 견적을 요구하지 않는다. 만약 매장 인테리어가 필요하다면, 한 업체에만 일을 맡긴다. 왜냐하면 나도 장사하는 사람으로서 같은 처지의 마음을 잘 알기 때문이다. 장사할 때 가장 화가 나는 경우는 고객이 몇 시간 동안 이것저것 다 들춰보고 끝내 다른 집보다 비싸다며 나가는 상황이다. 물건 파는 입장에서는 정말 기운이 쭉 빠지지.

사람 마음은 다 똑같다는 걸 알기에, 나는 정말 공사를 맡길 업체에만 견적을 요구하고 그 업체와 계약을 맺는다. 원하는 조건을 되도록 다 맞춰주려고 노력하는 대신에 한 가지 간곡한 부탁을 한다. 혼을 담아서 정성껏 일을 해달라고 말이지. 사람의 혼과 정성은 돈으로 살 수 없는 값진 것이다. 나는 그런 보이지 않는 에너지, 또는 마음이 중요한 역할을 한다고 믿는다. 그리고 그렇게 살아왔기에, 지금까지 사업을 잘 운영해올 수 있었다고 생각한다. 운 없던 내가 운 좋은 사람이 된 것은 바로 이런 이타심 덕분이었다고 본다.

좋은 습관을 가지고,
기도하는 삶을 살아라

운명을 바꾸는 세 번째 방법은 좋은 습관을 갖는 것이다. 사람은 누구나 안 좋은 습관을 가지고 있다. 운을 바꾸고 싶다면 습관을 조금씩이라도 바꾸려고 노력해야 한다. 습관이란 원래 바꾸기가 엄청 어렵다. 하지만 나쁜 습관을 계속 가지고 있으면 건강도 나빠지고 삶도 잘 안 풀리게 된다. 그러니 너도 네가 가진 습관들을 쭉 적어봐라. 그 가운데 좋지 않다고 여겨지는 습관이 있으면, 그것을 매일 조금이라도 바꿔가면 좋겠다.

나는 젊었을 때 야식을 먹는 안 좋은 습관이 있었다. 늦은 시간에 퇴근해 먹고 싶은 걸 다 먹어 버릇했더니 몸무게가 엄청 늘어나서 한동안 고생했다. 그 습관을 바꾸기 위해 날마다 많은 노력을 했다. 사람들과의 식사 약속은 되도록 점심으로 옮기고, 저녁을 가볍게 먹었다. 그렇게 해서 건강을 되찾을 수 있었다.

만약 습관을 못 고쳤다면, 몸에 무리가 와서 사업에 매진하기도 힘들고 큰 병에 걸렸을지도 모른다. 습관이 곧 나의 운명이라는 것을 명심하길 바란다. 나쁜 습관을 몰아내고 좋은 습관을 들인다면, 더욱 밝고 좋은 운이 네게 깃들 거다.

운명을 바꾸는 마지막 방법은 기도를 하거나 명상을 하는 것이다. 살다 보면 인간 스스로 어쩔 도리가 없는 상황을 마주치게 된다. 사람의 힘으로 해결할 수 없을 때에는 절대자, 초월적인 존재에게 문제를 의탁하는 수밖에 없다.

기도가 어렵다면 명상도 좋다. 조용한 곳에서 가만히 눈을 감고 자기 자신과 진솔한 대화를 나누면, 일상에 치여서 덮여 있던 것들이 드러나고 본질을 깨닫게 되더라. 그런 과정 속에서 어려운 상황을 극복할 수 있는 방법을 찾을 수 있고, 자신과 용기를 다시 얻을 수 있다. 이렇게 난관을 극복하다 보면 보다 단단한 내면을 지니게 되고, 평탄한 운명의 사람이 되는 게 아닐까 싶다.

지금까지 내 나름대로 깨달은 운명을 바꾸는 방법을 적어봤다. 다시 한번 강조하고 싶은 건 인간의 운명은 정해져 있는 것이 아니고, 스스로 만들어가는 거라는 사실이다. 네가 어떤 형편에서든 원하는 운명을 만들어갈 수 있는 현명한 사람으로 성장하기를 바란다.

대체 불가능한 존재가 되는 법

남의 일을 따라가는 자와 자기 일을 만들어가는 자

인생에서 일은 큰 의미를 지니고 있다. 어떤 일을 하느냐에 따라 하루하루의 일과가 달라지고, 만나는 사람이며 깨닫는 것과 추구하는 것이 모두 달라진다. 하루 24시간 중에 깨어 있는 시간의 대부분을 출퇴근하고 일하는 데 쓰고 있음을 생각해보면, 일이 인생의 거의 전부라고 해도 지나친 말이 아닐 것이다.

그런데 주위를 둘러보면, 저마다 일을 대하는 태도가 다르다는 사실을 알게 된다. 그저 남이 시키는 대로 일하는 사람도 있고, 주체적으로 일하면서 자기 일을 만들어내는 사람도 있다.

수동적으로 끌려가듯이 일하는 사람들을 보면 참으로 안타깝다. 4차 산업 혁명 이후 세상은 어느덧 인공 지능, 그리고 기계와 공존하는 방향으로 새롭게 바뀌고 있다. 영국 옥스퍼드 대학교의 연구에 따르면 현존하는 미국 내 직업의 47%가 20년 안에 사라질 거라고 한다. 미국뿐만 아니라, 실제 우리나라에서도 벌어지고 있는 일이다. 수많은 일자리를 기계나 인공 지능이 빠르게 장악하고 있지 않니. 이런 상황에서 기계에 일자리를 빼앗기지 않으려면 어떻게 해야 할까?

결국 자기가 일을 스스로 만들어가야 한다고 본다. 자기 강점을 파악해, 자신이 가장 잘할 수 있는 일을 하면서 남의 도움 없이 자립해야 한다는 것이다. 세상 흐름과 자기 자신에 대한 연구를 거듭하면서, 자기만의 고유한 일을 찾고 만들다 보면 아예 새로운 직업을 개척할 수도 있을 것이다. 그렇게 자기 영역을 구축해야 살아남을 수 있는 시대가 온 것 같다.

기술과 기계에 대체되지 않으려면, 인간만이 할 수 있는 능력을 더욱 갈고닦아야 할 것이다. 생각하는 능력, 공감하고 반응하는 능력, 개성을 살려서 표현하는 능력 등등 여러 가지가 있을 것이다. 시대는 급변하는데 그와 무관한 듯이, 하던 대로 시키는 대로 기계처럼 일하다가는 어느 순간 부품처럼 교체될지도 모른다. 이제 주체적으로 일하면서 자기 일을 만들어가는 건 성공하고 싶은 소수에게만 해당되는 것이 아니고, 모두가 생존을 걸고 반드시 해야 하는 과업이 되었다.

정년 없이 일할 수 있는 내 영역을 개척하라

젊은 사람들이 아침에 출근하는 모습을 은퇴한 오십대, 육십대가 부러워하며 바라보는 것 알고 있니? 일하러 가는 사람들은 일을 피곤한 것, 골치 아픈 것, 되도록 피하고 싶은 것으로 여기지만 더 이상 할 일이 없어진 중년은 도리어 일을 하고 싶어 한다. 인생의 아이러니다.

오십 넘어서도 일을 계속하는 나를 보면서 내 친구들은 무척 부럽다고 한다. 정년 없이 원하는 만큼 일할 수 있으니 얼마나 좋냐면서. 내가 그 친구들과 달랐던 건, 내 일을 개척했다는 점이다. 나처럼 스스로 일을 만들어서 해온 사람은 나이와 상관없이, 기력이 다하는 날까지 일할 수 있다.

또한 더 나아가 다른 사람에게도 일자리를 만들어줄 수 있다. 자기가 먹고살 돈을 벌 뿐만 아니라, 남도 그렇게 할 수 있도록 돕는 인생이야말로 보람된 삶이라고 본다. 자기도 좋고 남도 좋은, 더할 나위 없이 바람직한 삶의 모습이지.

그런 값진 인생을 살기 위해 나도 여태껏 노력해왔다. 남이 생각하지 못한 것, 아직 누구도 시도하지 않은 것을 찾아서 끊임없이 연구하면서 나만의 영역을 구축해왔다. 그렇게 하다 보니 딸린 식구들도 많아지고 어느새 중요한 존재가 되어 있더라. 이십대에 처음 사업을 시작했을 때는 상상도 못 했던 일이 벌어진 거지.

동휘야, 너도 타고난 장점, 특기를 살려서 너만이 할 수 있는 일을 찾아 만들어가라. 그러면서 스스로 자립을 이룰 뿐 아니라, 다른 사람도 자립하도록 돕는 멋진 인생을 살아가길 바란다.

생각하는 대로 움직여라

당연한 얘기처럼 들리겠지만, 내가 세상을 어떻게 바라보고 계획하고 실행할지 결정하는 '마인드'가 인생을 좌우한다. 앞서 말했듯 하던 대로 시키는 대로 일하면, 기술과 기계가 인간을 대체하는 요즘 같은 때에 언제든 교체될 수 있다. 지금부터라도 자기 일을 만들고, 자기만의 영역을 개척해야 한다.

이 사실을 많이들 알고 있다. 하지만 아는 것을 실행하는 사람은 극소수인 것 같다. 생각만으로 바뀌는 것은 아무것도 없다. 당연히 꾸준히 노력하면서 돈도 모으고 실력도 쌓으며 노하우도 터득해야 한다. 그것을 기본으로 하면서 공부도 하고 여러 사람과 만나고 갖가지 시도를 하면서 자기 인생의 일을 만들어가는 것이다. 그러면서 남에게도 도움을 주고, 여럿이 함께 잘 사는 인생을 일구어간다면, 그 사람이야말로 대체 불가능한 존재인 거겠지. 동휘야, 너 또한 그런 귀한 존재로 살아가길 바란다.

스트레스가 계속 쌓일 때

'열심'은 완벽을 추구하는 것

직원들에게 열심히 하라고 입버릇처럼 말하다가 문득 궁금해졌다. 대체 열심히 하는 건 어떤 것인가. 너무 추상적인 표현이라서 정확하게 무슨 뜻인지 와닿지가 않더라.

그러던 와중에 어떤 강의를 듣게 되었다. 강사가 '열심'에 대해 설명했다. 그저 무작정 힘껏 하는 것이 아니고, 100% 완벽을 추구하는 거라고. 그 말을 듣고 정답이라고 생각했다. 열심은 자기가 할 수 있는 모든 노력을 다해 완벽을 추구하는 마음이다.

내 경험상 완벽을 추구하다 보면 디테일이 달라진다. 이 디테일에서 승부가 판가름 난다. 무슨 일이든지 아주 섬세한 부분까지 완벽해야 성공할 수 있다. 공부라면 100점 만점을 목표로, 안경 제조라면 클레임 제로 또는 고객 만족도 100%를 목표로 삼고 최선을 다하는 것이 열심히 하는 것이다.

그런데 사람은 언제나 완벽할 수가 없다. 지칠 때도 있고 자기도 모르게 실수할 때도 있다. 예측하지 못한 장애물이 가로막기도 한다. 계획한 대로 일이 착착 진행되리라고 생각하면 큰 착각이다. 무언가 잘해보려고 노력한 순간부터 여기저기서 문제가 발생하기 때문이다. 그러면 절망스럽고 스트레스가 어마어마하다. 이런 스트레스를 극복하고, 원하던 목표를 달성하려면 어떻게 해야 할까?

실은 네가 며칠 전에 내게 똑같은 질문을 했는데, 그때는 다른 일이 바빠서 제대로 답해주지 못했다. 학업과 사업을 병행하느라 너무 힘들었는지, 못 본 사이에 네 머리에 새치가 부쩍 늘었더라. 그 모습을 보면서 네가 얼마나 괴로운지 실감할 수 있었다. 이제 내가 스트레스를 해소하는 방법을 적어볼 테니, 잘 읽어보길 바란다.

스트레스가 생기면 피하지 말고 직면해라

많은 사람이 스트레스가 생기면 술을 마시거나 여행을 떠난다. 하지만 그렇게 해서는 스트레스가 없어지지 않는다. 잠시 잊어버리고, 도망칠 수는 있어도 근본적으로 해결되지 않는다.

스트레스가 오면 일단 그것을 인정해줘야 한다. 그리고 멈추어서 왜 그런 것이 생겼는지, 지금 어떤 상태인지 마음을 찬찬히 들여다볼 필요가 있다. 바쁘다고 스트레스가 잔뜩 쌓인 채로 내버려 두면 나중에 큰일이 날 수 있다. 건강을 해칠 수도 있고, 엉뚱한 데서 폭발해 곤란한 상황에 놓이게 될 수도 있지.

그러니까 스트레스가 생겼을 때 술이나 여행, 무관심으로 모른 척하지 말고 그것을 바로 바라보아야 한다. 그 상태 그대로 인정하고 적극적으로 풀어내야 한다.

사람마다 스트레스를 푸는 방법은 다양할 것이다. 어떤 사람은 등산을 하면서 마음을 가라앉힐 수도 있고, 너처럼 어릴 적부터 운동을 해온 사람은 운동에 몰두하면서 쌓인 감정을 해소할 수도 있다. 저마다 알맞은 방법을 찾으면 된다. 중요한 건 스트레스가 생기면 가만히 놔두지 말고 바로바로 풀어야 한다는 것이다.

글쓰기로 비우고 독서로 채운다

얼마 전에 직원 문제로 엄청나게 화가 난 적이 있다. 그대로 있다가는 폭발해버릴 것 같아서 매장을 박차고 나와서 하루 반 동안 출근을 하지 않았다. 감정이 너무 격할 때에는 일단 그 자리를 떠나야 한다. 나중에 후회할 실수를 저지를 수 있으니까.

그렇게 나와서 서점에 갔다. 책 두 권을 사고 도서관으로 가서 저녁까지 머무르면서, 글을 쓰고 책을 두 번 세 번 읽으며 마음을 가라앉혔다.

이처럼 스트레스를 많이 받을 때 나는 우선 글을 쓴다. 응어리진 감정과 분노, 두려움 같은 걸 글로 쏟아낸다. 생각나는 대로, 떠오르는 대로 막 쓰면서 화를 표출하고 나면 마음이 편안해지거든. 평소에도 일기장이나 메모장에 글을 쓰면서 생각도 정리하고 감정도 해소하는 편이다.

독서 또한 글쓰기만큼 스트레스 해소에 도움이 된다. 글쓰기를 통해 감정을 배설한다면, 책을 통해서는 다른 이의 생각과 삶을 보면서 공감과 위로를 얻고 더 나아가 앞으로 어떻게 하면 좋을지 힌트를 얻는다. 글쓰기로 스트레스, 분노를 밖으로 내보낸 뒤에 독서로 새로운 흐름과 좋은 생각을 내 안으로 받아들이고 채우는 것이다. 나는 이것이 최고의 스트레스 해소법이 아닐까 생각한다.

도서관에서 글을 쓰고 책을 읽다 보니까 마음의 샘이 맑아졌다. 상황을 객관적으로 바라볼 여유도 생기고 다시 출근할 마음도 생겼다. 그래서 다음 날 출근하고 일할 수 있었다.

이렇게 마음을 다독여가면서 조금씩 나아가는 것이다. 사람이 살다 보면 스트레스를 피할 수는 없다. 모두 저마다 문제를 지니고 살기에, 거의 매일 매 순간 스트레스를 받게 된다. 그런데 그것은 술이나 다른 여흥으로는 풀 수가 없다. 스트레스를 풀려면 나처럼 글쓰기와 독서를 하거나, 너에게 알맞은 다른 방법을 찾아야 한다.

동휘야, 너는 어떠한 방법으로 스트레스를 해소하고 있니? 스트레스 해소에 스트레스를 받으면서 피하고 있지는 않은지 모르겠다. 한두 시간 운동으로 감정을 해소하고 좋은 책이나 강연을 찾아 들으면서 긍정적 기운과 활력을 다시 채울 수도 있을 것이다. 모쪼록 너만의 스트레스 관리법을 잘 찾아서, 마음을 다스려가면서 목표를 향해 정진해가기를 바란다.

무한한 잠재력을 끌어내라

정말 번아웃일까?

지난 일요일, 미용실에 갔다. 커트를 한 뒤 내 머리를 감겨주던, 좀 앳된 여자 미용사가 어떤 섬 이름을 대면서 가봤냐고 묻더라. 안 가봤다고 하니까, 자기는 오늘 일 마치고 친구들과 거기에 놀러 가기로 했다면서 참 좋은 곳이라고 하더라고.

바빠서 그런 곳에 갈 시간이 없다는 내 말에 미용사는 말했다. 그렇게 일하다 보면 힘들지 않냐고, 번아웃 오지 않냐고.

그래서 피곤할 때는 있지만 번아웃을 겪은 적은 없다고 답하면서, 번아웃에 대한 내 생각을 들려줬다. 요즘 번아웃을 말하는 사람이 많지만, 정말 번아웃인지 생각해볼 필요가 있다고 말이지. 번아웃이 왔다고 말할 수 있다는 건 어쩌면 그런 상태를 알아차릴 만큼의 여유가 생겼다는 뜻이기도 할 거라고.

몇 해 전부터 번아웃이 사람들 사이에 자주 오르내리는 말이 되었다. 대개 무척 피곤할 때, 녹초가 될 만큼 힘들 때 '번아웃이 왔다'고 표현하는 것 같다.

그런데 정말 그럴 때 번아웃이 온 걸까? 그저 좀 쉬면서 재충전하면 다시 일어설 수 있는 상태를 번아웃이라고 말하는 건 아닌지 모르겠다. 물론 실제로 번아웃을 겪는 사람도 있다. 지친 단계를 넘어섰는데도 쉬지 않고 스스로를 몰아붙이면 공황이나 우울증이 생기거든. 이처럼 몸이 견딜 수 있는 정도를 넘어섰을 때 치료가 필요한 상태가 되는데 이것이 바로 번아웃이다. 그 외에는 좀 쉬면 회복할 수 있는, 재충전이 필요한 상태일 것이다.

미용사는 내 얘기를 듣고는 생각이 많이 달라졌다고 했다. 그날 아침에 미용업계 유명인이 하는 한 시간짜리 강의를 들었는데, 그것보다 더 마음에 와닿는 얘기였다면서 고맙다고 꾸벅 인사를 했다.

뜻하지 않은 감사 인사에 살짝 당황했지만, 내 이야기가 도움이 되었다니 나도 기뻤다. 번아웃에 대해 그렇게 말할 수 있었던 건 지금까지 밤낮없이 일하면서 번아웃을 겪어본 적이 없었기 때문이다. 너무 바쁘고 할 일이 많으면, 힘들다는 생각도 잘 안 들거든. 그런 생각은 고비가 지나고 여유가 조금 생겼을 때야 떠오르더라고.

그러니까 힘이 들 때, 너무 지친다 싶을 때는 멈춰서 점검해보아야 한다. 잠시 쉬면서 재충전이 필요한 건지, 진짜 번아웃인지 살펴보는 것이다.

네 생각보다 네 능력은 더 크다

번아웃이라고 자주 착각하는 사람들은 자기 능력을 과소평가하는 것이 아닌지 돌아보아야 한다. 사람은 자기 능력이 어느 만큼인지 정확히 알지 못한 채로 살아가지. 대부분 한계만큼, 끝까지 가보지 않았기 때문에 모를 수밖에 없다.

사실 네가 생각하는 것보다 네 능력은 훨씬 더 클 수 있다. 무궁무진한 잠재력이 숨어 있는데, 네가 스스로 문을 걸어 잠그고 있는 게 아닌지 생각해보길 바란다.

나도 내 능력을 알지 못했다. 그냥 굶어 죽지 않고 먹고살 수만 있다면 좋겠다고 생각했다. 낙오되지 않으려고 노력하다 보니까, 목표 이루는 재미를 알게 되었다. 새로운 목표를 거듭 세우고 성취하다 보니, 어느 날 여기에 와 있더라.

그러니까 동휘야, 살다가 힘들다고 주저앉지 말고 치료가 필요한 번아웃이 아니라면 다시 일어서야 한다. 자꾸 도전하다 보면 힘이 세지고, 잠재력도 많이 발휘하게 된다. 이렇게 노력하고 이뤄내는 것도 습관이 되거든. 근육 운동을 꾸준히 반복하면 근력이 강해지듯이, 힘든 일도 극복하다 보면 해낼 수 있는 용량이 커진다. 그릇 자체가 커지는 것이다.

네 능력의 그릇이 어디까지 커질 수 있는지 앞으로 살면서 시험해보면 좋겠다. 목표를 세우고 끊임없이 도전해봐. 하다가 너무 힘들면 멈춰서 쉬고 다시 시작하는 거다. 그러다 보면 어느 날 네 생각보다 훨씬 크게 성장한 너 자신을 만날 날이 올 거라고 믿는다.

인생은 양파 까기다

- 힘든 과정을 견뎌내면 마침내 흰 양파 속살처럼 환한 세상이 열린다.
- 어려움을 격파하다 보면 조금씩 지혜를 얻게 된다.

인생의 패턴을 읽어라

- 세상의 흐름을 읽고, 앞날을 미리 준비해라.
- 큰 고난과 변화 뒤에 한층 높은 발전과 성장이 이루어진다.

인생은 운전과 비슷하다

- 올바른 기준과 좋은 습관이 순탄한 삶을 만든다.
- 경쟁은 성장의 발판이다.

행복하려면 어떻게 해야 할까?

- 의식주가 확보된 뒤에야 삶의 의미도 생각할 수 있다.
- 목표를 이루기 위해 최선을 다해 노력하고, 그로 인해 주어진 결과에 자족해라.

운명은 바꿀 수 있다

- 운은 불변하는 것이 아니고, 결단과 노력으로 바꿀 수 있는 것이다.
- 좋은 스승을 찾아서 배우면, 목표 달성이 한결 쉬워진다.

대체 불가능한 존재가 되는 법

- 기술과 기계에 대체되지 않으려면, 자기만의 고유한 영역을 개척해야 한다.
- 꾸준한 공부와 노력, 실행을 통해 스스로 일을 찾고 만들어라.

스트레스가 계속 쌓일 때

- 완벽을 추구하다 보면 디테일이 달라진다.
- 스트레스가 생기면 그대로 쌓아두지 말고 독서나 글쓰기, 운동 등으로 풀어라.

무한한 잠재력을 끌어내라

- 힘들 때에는 잠시 멈춰서 무엇이 필요한지 점검해보아라.
- 끝까지 가보지 않으면 끝을 알 수 없다.
- 목표를 세우고 끊임없이 도전해라.

인생의 연꽃을 피우길 바라며

인생의 의미를 찾아 절에 머무른 적이 있다. 동업하던 친구와 크게 다투고 더 이상 견딜 수가 없어, 그 친구에게 큰절을 한 뒤에 도망치듯이 찾은 절이었다.

별채에 3박 4일간 있으면서 잠만 잤다. 그러던 어느 날 큰스님이 나를 불렀다. 지금은 돌아가신 큰스님을 만나러 방에 들어섰더니, 서울에서 온 한 부부가 앉아 있었다. 나도 옆에 앉아서 스님 얘기를 들었다.

스님은 예전에 경험한 것을 들려줬다. 어느 날 명상을 깊이 하고 있는데 바깥에 눈이 엄청나게 많이 내렸단다. 그래서 명상을 하다가 문을 열었는데, 연꽃이 확 달려들어 왔다고 한다.

그 얘기를 하던 스님이 우리 셋에게 눈을 감아보라고 했다. 그래서 눈을 감았더니, 스님이 말했다.

"내가 그때 받은 연꽃을 이제 여러분에게 줄 테니, 받으세요. 받아서 잘 키우세요."

그때 받은 연꽃이 아직 내 마음속에 있다. 인생의 숙제처럼 느껴진다. 그 연꽃의 의미가 무엇인지, 어떻게 해야 꽃을 피울 수 있는지 여전히 잘 모르겠다. 그저 고민을 계속하면서 인생의 피날레를 연꽃 피우기로 장식할 수 있기를 바라면서 지금도 열심히 나아갈 뿐이다.

언젠가 내 마음속 연꽃이 내 아이들과 아내, 이웃의 마음을 밝히며 세상 곳곳을 향기롭고 아름답게 하기를 바라는 마음으로 글을 썼다. 훗날 내가 사라지더라도 내가 피운 연꽃 향기는 은은하게 남아 있기를 소망한다.

아버지의 수레바퀴 자국을 따라가며

내가 기억하는 아버지는 정말 강한 남자이자 훌륭한 부모이다. 그렇기 때문에 자녀들 또한 본인처럼 자라고 성장하며 성공하길 바라시는 분이다. 그런 아버지 밑에서 자란다는 것은 정말 힘든 일이라 생각하며 살아왔다.

중고생 시절에는 친구들이 좋은 축구화와 운동복을 입는 것을 부러워했고, 대학생 때는 아버지께서 도움을 주셨다면 좋은 환경에서 운동할 수 있을 것이라 생각했었다. 유학을 가고 싶었지만 혼자 힘으로 해결해야 하기에 원하는 환경의 지역으로 가지 못하고 차선책을 선택했다. 그럼에도 종종 나를 잘 모르는 지인들에게 "너희 집은 잘사니까 인생 걱정 없겠네? 축구는 취미로 하는 거지?"와 같은 질문을 항상 들었다. 밥을 먹어도 "잘 사니까 밥은 네가 사라"면 겉으로 티는 내지 않으며 밥을 샀다.

나는 20대까지의 인생을 이렇게 살아왔다. 이렇게 자라왔다고 아버지를 탓하지 않는다. 오히려 더 감사하다. 다른 아버지들과 다르게 우리 아버지는 나와 해외여행을 가는 대신 절에 데려가시며, 혼자서 생각하고 계획하며 결정하는 방법을 자연스럽게 가르쳐 주셨다. 그리고 명품 옷이나 축구화, 외제차를 사주시는 대신 100권 이상의 책을 사주며 엘리트 운동선수로 살아온 나에게 공부를 놓지 않게 해주셨다. 게다가 주 7일 일하시며 나보다 더 열심히 사는 모습을 보이시면서 나태해지는 나에게 끝없이 움직일 수 있는 원동력을 주신다.

많은 미디어와 지인들은 "즐기면서 살아라. 그렇게 열심히 살아서 뭐 할래? 젊음도 한순간이다. 젊을 때 더 놀아야 한다"라는 등 수 많은 유혹을 한다. 그래도 나는 이 책을 읽으며 더 열심히 살아야 한다는 더 확신을 갖는다.

성공에 대한 스스로의 목표가 있다면 앞서 살아온 부모님의 말씀과 같은 이 책을 읽어보길 권한다. 자식에게 말주변이 없는 부모님 역시 조용히 이 책을 권유해보시길 바란다.

그럼 인생을 현명하게 사는 자녀의 변화를 보게 될 것이다.

큰아들 손동민

삶이 막막한 친구들에게 우리 아버지를 빌려드립니다

5~6살 즈음, 술에 잔뜩 취해 들어오셔서 '장군'이라 불러주시던 때가 엊그제 같은데 그 아들이 벌써 28살이 되었네요. 그땐 항상 밖에서 일만 하셨던 아버지가 조금은 밉기도 했는데, 글을 읽어보니 30대 초반의 나이에 기댈 곳 없이 한쪽 다리로 세상과 치열하게 싸우고 계셨던 중이셨네요.

어릴 적에는 원망도 참 많이 했었습니다. 다른 아버지들은 아들에게 어떻게든 더 많이 주려고 하는 반면, 우리 아버지는 항상 스스로 하도록 멀리서 지켜만 보며 필요할 때마다 가르침만 하나씩 알려주셨죠. 돌이켜보면 재물 대신 주신 그 가르침들 덕분에 저는 스스로 살아가는 방법을 배웠던 것 같습니다. 아버지가 가르쳐 준 원칙만 지키며 최선을 다해 고군분투했습니다.

20대 중반까지는 돈도 없고 친구도 없어서 외롭고 힘들기도 했어요. 그런데 20대 후반이 된 지금 조금씩 변화가 생기고 있다는 것을 느낍니다. 태권도 1등, 3개국어, 외국 대학교 장학생, 보디빌딩 프로선수, 책 출판 등 어느새 수많은 것들을 이루었고 최근에는 온라인 사업도 연 매출 1억을 달성할 것 같아요.

원칙과 가르침이 아닌, 물질적인 도움을 주셨다면 과연 제가 지금 이러한 사람이 될 수 있었을까 생각이 듭니다. 그래서 저는 친구들에게 이 책을 통해서 아버지를 빌려주고 싶어요. 아버지가 할아버지 없이 수많은 고난과 역경을 헤쳐오면서 어렵게 깨달으신 인생의 원칙을 어렵고 힘든 친구들에게 알려줄 수 있는 책인 것 같습니다. 제가 물질적인 도움 없이 이렇게 발전할 수 있었던 것처럼 이 책을 읽는 친구들도 아버지의 원칙을 배운다면 분명 스스로 일어설 수 있을 것이라 생각됩니다.

먼 훗날 아버지가 이 세상에 안 계시더라도 삶이 어렵고 힘들 때 이 책을 꺼내 읽고 다시금 아버지의 가르침을 상기시킬 수 있을 거 같아 참 행복하고 감사합니다.

둘째 아들 손동휘

마음 읽기 수업

김미애 지음 | 14,800원

원하는 결과를 얻지 못하는 커뮤니케이션은 이제 그만!
마음을 읽어내는 것이 자본이 되는 시대다!

저자는 누군가 리더십, 조직문화, 커뮤니케이션을 주제로 강의하는 프로 전문 강사다. 일상생활에서 누구나 겪을 수 있는 대표적인 사례를 통해 다양한 관계 속에서 발생하는 문제들을 어떻게 해결할지, 나의 마음과 상대의 마음을 어떻게 읽고 관계를 형성하고 유지해나갈지 등 서로의 마음을 읽어가는 것이 인생에 미치는 영향에 관해 이야기한다. 이 책은 읽는 것만으로도 미처 발견하지 못했던 나의 마음과 상대의 마음에 좀 더 가까이 다가갈 수 있도록 해주며, 관계 스킬 능력과 진정한 내 모습을 찾는 방법까지 제시한다.

미라클 액션

하재준 지음 | 15,000원

"행동이 없으면 오늘과 내일은 같은 날이다!"
망설이는 당신을 행동파로 만드는 행동력 훈련

스무 살에 분양사무소에서 영업을 시작해 37세인 지금 10여 개의 법인회사와 개인 사업체의 대표가 된 저자는 17년간 치열한 사업의 현장에서 살아남은 무기로 '남다른 행동력'을 꼽는다. 저자는 아침 알람 소리 한 번에 자리를 털고 일어나고, 발품을 한 번 더 팔고, '안 된다는 생각'은 없음을 다짐하고, 경험은 돈을 주고도 사며, 상대의 말은 끝까지 경청하는 등 사소한 행동 1가지부터 행동하고 실천하라고 조언한다. 생각하느라 시간을 다 쓰는 사람들, 주저하는 데 많은 공을 들이는 사람들에게 매우 긍정적인 동기부여가 되어줄 것이다.